Rêves
et
Spiritualité

Évoluer spirituellement
par les rêves

Données de catalogage avant publication (Canada)

Gratton, Nicole

Rêves et Spiritualité : évoluer spirituellement par les rêves

Éd. Rev. et augm.

(Collection Rêve-à-tout)
Publ. Antérieurement sous le titre : Les rêves spirituels. Montréal : Stanké, c1996.
Publ. à l'origine dans la coll. : Collection Parcours.

ISBN 2-89436-114-9

1. Rêves. 2. Réalisation de soi. 3. Vie spirituelle. I. Titre. II. Titre : Les rêves spirituels. III. Collection.

BF175.5D74G72 2004 154.6'3 C2004-940472-5

Nous reconnaissons l'aide financière du Gouvernement du Canada par l'entremise du programme d'aide au développement de l'édition (PADIÉ) pour nos activités d'édition.

Nous remercions la Société de Développement des Entreprises Culturelles du Québec (SODEC) pour son appui à notre programme de publication.

Révision linguistique :
Jocelyne Vézina

Infographie :
Caron & Gosselin

Mise en pages :
Composition Monika, Québec

Éditeur :
Éditions Le Dauphin Blanc
C.P. 55, Loretteville, Qc, G2B 3W6
Tél. : (418) 845-4045 – Fax (418) 845-1933
Courriel : *dauphin@mediom.qc.ca*

ISBN 2-89436-114-9

Dépôt légal :
2e trimestre 2004
Bibliothèque nationale du Québec
Bibliothèque nationale du Canada

Imprimé au Canada

Nicole Gratton

Rêves et Spiritualité

Évoluer spirituellement par les rêves

Le Dauphin Blanc

Table des matières

Avant-propos

La première version du présent ouvrage a été publiée aux Éditions internationales Alain Stanké en 1996. Voici la nouvelle édition revue et augmentée qui contient deux chapitres inédits.

En plus des nombreux rêves ajoutés, une mise à jour des récentes découvertes scientifiques sur la nature des rêves permet de mieux comprendre le rôle essentiel du sommeil.

Introduction

D'abord la curiosité, puis l'intérêt croissant dont les rêves sont l'objet nous incitent à explorer plus à fond ce monde mal connu. Où allons-nous chaque nuit? Le rêve est-il uniquement le fruit de notre imagination? Y a-t-il une part de vérité dans ces scénarios oniriques qui nous semblent criants de réalité? Pourquoi certains rêves se concrétisent-ils dans le futur? Autant de questions qui demandent une attention particulière si nous voulons être en mesure d'apprécier les cadeaux de la nuit.

Les rêves spirituels sont des relais-santé qui entretiennent la vitalité intérieure dont nous avons besoin pour affronter les nombreux défis du quotidien. Énergisants et stimulants, ils sont un rappel de notre potentiel illimité.

En attribuant au rêve une dimension spirituelle, nous redonnons à notre activité nocturne toute sa grandeur et sa noblesse. Effectivement, en plus de révéler le contenu de l'inconscient, le rêve nous permet de vivre des expériences à la fois enrichissantes et exaltantes dans les sphères spirituelles de la conscience. Investir dans nos nuits pour embellir nos journées devient une habitude saine et gratifiante.

Ce livre fait suite à *L'Art de rêver*[1] et vise à mieux faire comprendre la fonction spirituelle du rêve. Je présente ici une vision très personnelle d'une activité pourtant universelle. Avec le plus de transparence possible, je vous livre les expériences qui jalonnent sans cesse ma route, de jour comme de nuit. Les rêves font partie intégrante de mon cheminement et je ne cesse de m'émerveiller devant ce cadeau divin.

---

1. Nicole Gratton, *L'Art de rêver*, Éditions Flammarion.

Du point de vue spirituel, nos envolées nocturnes sont de grandes incursions dans les pays subtils de la conscience. Le sommeil libérateur offre une aire de lancement idéale pour nos départs quotidiens. La station RÊVE en ondes dans nos mondes intérieurs transmet toutes les nuits. Il suffit de syntoniser le bon poste, d'observer attentivement et d'apprendre joyeusement !

Sur l'Internet du rêve, nous suivons l'autoroute onirique en quête d'informations et d'échanges précieux. Accessibles quotidiennement, ces investigations nocturnes nous documentent sur les nombreuses solutions qui peuvent soutenir notre recherche de la vérité.

Les rêves d'exploration offrent une visite des mondes intérieurs, les rêves d'enseignement permettent d'accroître nos connaissances spirituelles et les rêves initiatiques repoussent les anciennes limites pour nous laisser entrevoir nos forces divines.

Chapitre 1

Autopsie de la nuit

Dès le début du siècle, Carl Gustav Jung, élève de Freud, démontre que le rêve et la spiritualité sont étroitement liés. Pour le célèbre psychanalyste, l'humain s'avère une créature douée naturellement de sentiments religieux ; l'âme transcende les instincts primaires, et le rêve, que Freud a maintenu dans les limites de la sexualité, acquiert enfin une dimension élargie. Pour Jung, tout dans l'univers est relié : il admet l'existence d'un ordre supérieur auquel le Soi a accès (l'inconscient collectif). Il mentionne aussi les phénomènes de télépathie et de prémonition par le rêve.

Du point de vue spirituel, nous sommes d'abord une âme qui revêt différents corps ou enveloppes protectrices. Le premier, que nous connaissons bien, est le corps physique. Celui-ci nous permet d'expérimenter par le moyen des cinq sens. On doit le nourrir et le soigner pour assurer son bon état de fonctionnement. Le second, le corps émotionnel ou astral, gère nos émotions : de la peur à l'amour, du désespoir au courage. Le troisième, appelé corps-mémoire, contient les causes issues du passé et les effets potentiels du futur. Il transcende le temps et nous fait voyager sur la trame temporelle. Les souvenirs d'hier et les pressentiments de demain relèvent des facultés du corps-mémoire.

La quatrième enveloppe de l'âme est le corps mental. L'intellect constitue la manifestation de ce corps subtil et s'exprime par la pensée, la réflexion et la logique. Finalement, nous arrivons à la dimension spirituelle de notre être, à notre véritable identité dépourvue de tout artifice : l'âme. C'est l'étincelle de Lumière qui brille en chacun de nous.

La nuit, complément du jour

La vie est précieuse. De la naissance à la mort, la gamme de nos expériences est infinie. Ce temps qui nous est alloué pour acquérir des connaissances et nous connaître représente un cadeau divin.

Avec ses hauts et ses bas, le quotidien nous transporte sur des routes tantôt difficiles et sinueuses. Est-ce nécessaire d'avancer péniblement en empruntant des chemins tortueux et sombres ? Pouvons-nous accéder à des informations privilégiées qui guideraient nos pas sur des parcours moins familiers mais plus faciles ?

Les rêves font partie des précieux moyens que nous pouvons utiliser pour éclairer notre route jalonnée d'imprévus. Ayant observé mes rêves depuis de nombreuses années, je ne cesse de m'émerveiller devant l'abondance d'informations qu'ils recèlent. Les scénarios de nuit m'offrent régulièrement une perspective élargie qui met en lumière les détours inutiles, les trajets risqués et les embûches possibles.

Par ailleurs, à certains carrefours importants, nous avons des décisions majeures à prendre. Comment notre conscience accède-t-elle aux informations pouvant nous guider vers des choix judicieux ? Pour répondre à cette question, examinons de plus près les principaux rôles du sommeil. Chez l'humain, la vie comporte trois états de conscience : l'éveil, le sommeil et le rêve. Chacun de ces états joue un rôle particulier et remplit des fonctions spécifiques. Ensemble, ils créent un tout harmonieux assurant équilibre et bien-être tout au long de l'existence. Ils nous informent, chacun à sa façon, sur le présent, débordant d'expériences, sur le passé, fertile en leçons et sur l'avenir, riche en possibilités.

Le sommeil, une grande merveille

La nuit tombe en douceur et la fatigue se fait sentir. Des bâillements nous surprennent et, tout à coup, nos paupières deviennent lourdes. C'est l'heure d'aller dormir. Après quelques préparatifs constituant le rituel du coucher, nous glissons sous les draps, alourdis par la fatigue. Le sommeil nous accueille enfin.

Même si nous dormons toutes les nuits depuis notre naissance, le sommeil demeure un phénomène mystérieux pour la majorité d'entre nous. Comme nous connaissons mal ses multiples fonctions de soutien et de réparation, nous négligeons souvent de le préparer adéquatement. Pire, nous le malmenons : nous rageons lorsqu'il est absent ; nous le sabotons par des repas trop copieux ; nous le maltraitons par des médicaments contre l'insomnie qui brisent ses cycles naturels et nous laissons nos pensées envahissantes gêner sa venue.

Pour mieux apprécier les bienfaits du sommeil, il nous faut mieux les connaître. Le sommeil comporte plusieurs phases dont les 2 principales comportent le sommeil lent (profond et léger) et le sommeil rapide (sommeil paradoxal).

Le sommeil lent s'occupe de la réparation physique. Il maintient l'équilibre physiologique. Durant ce qui nous semble être un repos bien mérité, toute une armée de travailleurs s'affairent à restaurer notre corps endormi. Le système d'élimination débarrasse les cellules des déchets accumulés. Le système endocrinien se charge d'envoyer des hormones à la rescousse de toute fonction déréglée. Le système immunitaire refait le plein pour mieux protéger le corps contre les agressions bactériennes ou virales. L'activité est intense : élimination et rénovation sont au programme.

Abordons maintenant la fonction attribuée au sommeil paradoxal ou sommeil avec rêves. Cette fonction, essentielle à la survie, concerne la rénovation psychique ; elle dissipe la fatigue nerveuse et l'épuisement mental, conduisant à une plus grande adaptation au stress et à l'amélioration de la mémoire en général.

Les rêves désintoxiquent le mental surchargé par les milliers d'impressions reçues à l'état d'éveil. Ils libèrent la mémoire encombrée et rénovent les circuits émotionnels. Un grand nettoyage psychique se fait à notre insu, nous préparant ainsi aux prochains défis de la vie éveillée.

En plus de la réparation physique et psychique, le sommeil joue un rôle libérateur. Après le dur labeur de la journée, nous

nous payons un séjour au pays de la liberté. Lorsque le corps s'endort, l'âme s'envole ! Elle quitte son véhicule physique et pénètre dans les dimensions subtiles de la conscience. Voici, de façon imagée, ce qui s'y passe.

Le rêve, l'heure des informations

Dans la douceur de la nuit, après environ une heure et demie d'absence temporaire due au sommeil lent, notre univers inconscient s'anime. Des images se forment dans le brouillard lointain. Peu à peu, une histoire se construit, avec des scènes remplies d'action, tantôt banale, tantôt extravagante. Des personnages connus ou farfelus apparaissent. Des émotions familières, angoissantes ou sublimes jaillissent. Puis le rideau de notre théâtre intérieur se lève pour nous révéler nos désirs secrets et nos pensées intimes.

Quelques minutes plus tard, le voile retombe. L'oubli s'installe à nouveau et une autre heure et demie environ s'écoule avant la prochaine séance de visionnement privée.

Puis, l'écran intérieur se remet en fonction. Un deuxième rêve apparaît. Le scénario est différent du premier, car généralement il concerne un autre aspect de soi.

Au réveil, les images s'estompent peu à peu dès qu'on ouvre les yeux, le cerveau rationnel prend la relève. À ce moment, il importe de noter les dernières images de la nuit, sinon nous risquons de les perdre à tout jamais.

Selon la loi spirituelle d'économie, aucun temps ne se perd dans ces envolées intérieures. Chaque scène a sa raison d'être. L'incohérence apparente cache un ordre commandé par la pertinence de l'information. Le rêve choque pour mieux nous saisir, dérange pour mieux se faire remarquer et nous incite à regarder pour mieux écouter.

Le mode de fonctionnement du rêve fait penser aux bulletins d'information diffusés à intervalles réguliers suivant les cycles du sommeil lent et rapide. Ces bulletins de nouvelles sont généreusement offerts par la station RÊVE en ondes toutes les 90 minutes environ.

La programmation concerne en premier lieu les événements majeurs de la journée. Une rétrospective met en lumière les principales préoccupations, les problèmes non résolus et les émotions refoulées. Les rêves compensateurs ont une place de choix dans cette portion de la nuit. Nous libérons alors nos peines, nos déceptions et nos craintes.

Le rêve passe ensuite en revue les solutions possibles pour corriger les défaillances détectées. Cet aspect instructif s'avère très précieux. S'y présentent des choix que nous n'avons peut-être pas envisagés le jour à cause d'un manque de temps ou de vigilance. C'est ainsi que nous nous éveillons en pleine nuit avec une réponse inattendue, une idée inspirante ou un plan innovateur. Ces informations méritent d'être notées immédiatement, car nous risquons de les oublier le lendemain.

Puis, si nos objectifs personnels et le degré d'éveil de notre conscience le permettent, nous pouvons apprendre et étudier. L'heure des nouvelles se transforme alors en documentaire éducatif. Cette période d'apprentissage se pratique en mode interactif, où nous sommes à la fois spectateurs et acteurs. Au réveil, nous avons souvent l'impression d'en savoir plus que la veille, d'être différents. Les scènes visionnées nous laissent une impression de vécu véritable. C'est l'école de la nuit.

Un autre aspect fort intéressant du bulletin d'information onirique touche les prédictions météorologiques de nos humeurs. Une tempête de colère se pointe à l'horizon à cause d'une perturbation émotionnelle. Des nuages de tristesse sont prévus par suite d'une grande déception. Une zone de haute pression se dirige vers nous, en provenance d'une ambiance tendue au travail. Un dégagement graduel se prépare annonçant un ciel ensoleillé de joie et d'espoir. Ces prévisions sentimentales et intellectuelles appartiennent aux rêves prophétiques.

Sur la scène internationale, nous bénéficions aussi des comptes rendus affectifs, familiaux ou d'affaires diffusés par le rêve télépathique. En effet, dans le monde du rêve, les frontières d'espace n'existent plus. Au besoin, nous sommes en communication avec des membres de notre famille, des amis ou des collègues. Les liens forts et durables continuent de se tisser la nuit. C'est l'Internet du rêve qui déploie ses réseaux de communication dans les mondes intérieurs : la pensée voyage et entre en contact avec celle d'autres utilisateurs branchés sur le même réseau.

La chronique artistique nous met en rapport avec nos forces créatrices en nous plongeant dans le domaine des arts et des sciences. En effet, nos mondes intérieurs sont une source infinie d'inspiration où nous pouvons puiser des solutions à nos préoccupations[1]. Les rêves ont d'ailleurs inspiré bien des chercheurs : le chimiste allemand Kekule a découvert la structure du benzène grâce à un rêve dans lequel il a vu des serpents se mordre la queue. Des inventeurs y ont trouvé la clé de leurs travaux : la machine à coudre et le stylo-bille en sont des exemples. Il arrive également que des artistes captent, durant le sommeil, la source

1. B. Langevin, *Rêves et Créativité*.

de leur créativité, comme Stravinski pour son *Octuor* et le chanteur des Beatles, Paul McCartney, pour sa mélodie *Yesterday*.

Terminons cette analogie amusante par le bulletin des sports qui annonce les victoires et les échecs dans les différentes disciplines sportives de nos corps subtils. Les émotions s'affrontent ! Qui l'emportera, la peur ou la confiance, la haine ou l'amour ? Parfois la pensée de l'échec tente une avance forcée alors que l'espoir surgit et gagne du terrain. Dans les compétitions affectives ou les olympiques du mental, la vie apparaît comme un terrain de jeu où l'âme et ses corps s'entraînent à la maîtrise. Nos personnages oniriques livrent des batailles internes pour nous enseigner le courage et la persévérance.

Le rêve représente le sport idéal pour la maturation du cerveau et l'intégration des émotions. C'est pourquoi les enfants rêvent plus que les adultes. Ils se trouvent en période d'apprentissage intensif et leur cerveau se développe à un rythme incessant. Les cauchemars sont monnaie courante pendant l'enfance ; ils servent à apprivoiser les peurs associées à la vulnérabilité. La peur de l'abandon et de l'inconnu s'exprime par le biais des rêves. Les scénarios créés offrent à l'enfant des occasions de s'exercer au courage et de s'adapter au perpétuel changement[1].

Nous sommes privilégiés d'avoir ainsi accès à tant d'informations personnelles, instructives et pratiques. Fidèles au poste chaque nuit, nos reporters intérieurs agissent sous la supervision de l'âme qui veille sans cesse à notre bien-être. Le compte rendu quotidien de nos préoccupations de jour et le bilan de nos envolées de nuit sont un présent inestimable.

Pour mieux en bénéficier, nous pouvons travailler avec un journal de rêves. Il s'agit d'un cahier servant à noter nos scénarios de rêves, que nous consulterons à intervalles réguliers afin de repérer les changements significatifs et les améliorations. Notre journal est le confident fidèle de nos reportages intimes et de nos exploits intérieurs.

---

1. Nicole Gratton, *Rêves et Complices*.

La méthode de consignation est simple et pratique. Il suffit de noter trois éléments essentiels : la date du rêve, son titre et le sentiment vécu à la fin du rêve, lors de la dernière scène. La date permet de reconnaître les rêves en séries, les rêves récurrents et les rêves prémonitoires. Ce repère dans le temps est aussi essentiel pour vérifier les cycles personnels de certains scénarios, dont ceux des rêves répétitifs. Le titre évoque l'élément dominant du rêve. Il s'impose à nous de façon naturelle et intuitive. Pour le choisir, nous pouvons imaginer que les scènes du rêve constituent un film qui sera présenté au cinéma, et qu'il faut le titrer.

Pour compléter le tout, nous avons besoin d'identifier le sentiment qui nous habite à la fin du rêve. Ce sentiment final est important, car il révèle la conclusion émotive du scénario visionné. L'émotion finale confirme la victoire ou l'échec, la libération ou l'emprise, la confrontation ou la fuite.

Chapitre 2

Les rêves spirituels

Nous sommes, le jour comme la nuit, en état d'expérimentation constante. Durant l'éveil, nos cinq sens captent l'essentiel des informations externes qui nous renseignent sur notre environnement. Durant le sommeil, nous fonctionnons avec d'autres sens plus subtils, à l'affût des messages provenant de nos mondes affectif, mental et spirituel. Ces deux états de conscience, l'éveil et le sommeil se succèdent et s'influencent mutuellement.

L'éveil, un terrain d'apprentissage

Sur le parcours de la vie, nous semons et nous récoltons. Les semences du passé donnent les récoltes du futur; les actions d'hier engendrent les réactions de demain. C'est la loi de la cause et de l'effet, qu'on nomme loi de karma et qui régit la vie de chacun en fonction de la responsabilité qu'il assume. Cette loi se veut éducative et non punitive. Sa compréhension nous pousse à devenir de plus en plus responsables afin d'atteindre la maîtrise complète de notre vie.

L'état d'éveil est constitué de l'ensemble de nos expériences de jour. Il sollicite nos cinq sens: la vue, l'ouïe, le toucher, le goût et l'odorat, qui constituent nos principaux outils de discernement dans l'environnement physique. De façon plus subjective, l'état d'éveil fait aussi appel à nos émotions, à nos pensées et à notre intuition pour réévaluer les renseignements reçus des sens physiques. Les expériences ainsi accumulées assurent une discrimination de plus en plus juste et précise, qui nous permet de fonctionner en harmonie avec notre environnement.

L'éveil étant un terrain d'apprentissage, nous cumulons ainsi du savoir et des acquis. Notre cerveau amasse sans relâche des informations nouvelles. Il se place alors en « mode acquisition ». Plus tard, durant le sommeil, il se mettra en « mode traitement » pour effectuer le tri. Notre ordinateur intérieur travaille 24 heures sur 24.

Si nous avons une nature intuitive, nos expériences d'éveil se teintent parfois d'informations irrationnelles appartenant au domaine du ressenti. Ces inspirations soudaines proviennent principalement du cerveau intuitif, celui de la vision globale. Nous captons des images qui se manifestent spontanément. Ce mode de perception, plutôt rare en état d'éveil, devient prédominant à l'état de rêves. Examinons de plus près cet intéressant phénomène.

La nuit, un moment de liberté

Que se passe-t-il pendant que nous dormons ? Une partie de nous demeure alerte et vit des expériences par le biais des rêves. Cette étincelle de conscience s'appelle l'âme.

Grâcc au sommeil, l'âme quitte son enveloppe physique, le corps endormi. Elle profite de cette liberté temporaire pour explorer les dimensions de la conscience qui transcendent le plan matériel. Ces dimensions intérieures sont celles de l'imagination, de la pensée et de l'âme voyageuse qui rapporte différentes impressions de ses sorties nocturnes. Du monde des émotions, elle revient imprégnée de sentiments intenses : agréables ou dérangeants, joyeux ou tristes, revigorants ou déprimants.

Parfois, une émotion troublante, issue d'un cauchemar ou d'un avertissement, apparaît comme une mise en garde. Nous devons en examiner de près l'origine pour être en mesure de corriger une attitude, une pensée ou une conduite inappropriées.

En période de remise en question, un voyage au pays des pensées peut être salutaire. À preuve, deux périodes distinctes de ma vie où les rêves m'ont informée de façon pertinente sur ma conduite. La première m'a redonné espoir quand j'étais profondément triste et m'a indiqué la lumière au bout du tunnel; la seconde m'a tirée d'une inertie gênante qui faisait obstacle à mon évolution.

Premier rêve indicateur. À un moment où je me suis effondrée par suite d'une peine d'amour, je m'endors le soir en pleurs, le cœur brisé. Cependant, le lendemain, je m'éveille le cœur joyeux. Puis, le souvenir de ma peine refait surface. Les émotions douloureuses m'envahissent à nouveau avec le rappel que mon amoureux m'a quittée. Je commence à m'interroger. Comment se fait-il que je m'éveille le matin avec un sentiment de bien-être alors qu'au coucher je suis si malheureuse? Pourquoi mes rêves sont-ils agréables et remplis de moments joyeux? Cette rupture amoureuse se produit peut-être pour le mieux? Le futur s'annoncerait-il plus heureux? Effectivement, l'étape suivante dans ma vie sentimentale s'est avérée meilleure que la précédente. Mes rêves avaient semé une lueur d'espoir dans ma tourmente émotionnelle.

Deuxième rêve indicateur. Quelques années plus tard, la situation s'est inversée. Tout se passe bien dans ma vie extérieure. Mon travail comble mes attentes. Mes souhaits de voyages se réalisent. J'ai une voiture neuve, des loisirs agréables. Bref, tout semble parfait selon mes critères du moment, sauf que certains de mes réveils sont empreints de mélancolie. Une envie de pleurer m'assaille sans raison apparente. Mes rêves me laissent un goût amer, un profond sentiment d'insatisfaction.

D'où vient cette tristesse irraisonnée qui jaillit soudainement, ce désarroi incompréhensible ? Aurais-je négligé un aspect important de ma vie ? Il est vrai que je me suis occupée de l'« avoir » et du « paraître », et que j'ai délaissé le plus important, l'« être ». Les questions se multiplient. Qui suis-je au-delà de mon identité familiale, sociale et professionnelle ? Quelle est ma vraie mission ?

Même si j'ai atteint mes objectifs matériels et intellectuels, je ressens un profond mécontentement. Ce sentiment d'infinie tristesse, qui apparaît dans mes rêves et accompagne mes réveils, m'incite à entreprendre une recherche sur des valeurs plus intérieures. J'amorce alors une démarche de croissance personnelle et d'ouverture à la spiritualité. Par des lectures sur la nature de l'âme et sur son potentiel divin, je reconnais des vérités qui m'inspirent la joie de vivre. Une vitalité intérieure s'installe peu à peu. Mes réveils matinaux s'agrémentent maintenant d'une sérénité nouvelle. Je m'émerveille à nouveau devant les défis du quotidien et la beauté de la vie.

La nuit, l'âme, affranchie de son véhicule physique, déploie ses ailes et visite des lieux inspirants et énergisants dans les dimensions spirituelles. Elle refait ses forces pour composer avec les aléas du quotidien.

Si notre parcours de vie ne s'accorde pas à notre mission personnelle, la nuit nous laisse insatisfaits ou mécontents. Seul un rajustement ramènera la sérénité intérieure et la joie. Un des plus grands spécialistes de la psychologie moderne, Carl Jung, déclare : «Que de fois j'ai entendu un malade s'écrier : *Si je connaissais le sens et le but de mon existence, je n'aurais que faire de ces troubles nerveux* ! Que cet être soit riche ou pauvre, qu'il ait ou non famille et situation, peu importe, car il s'en faut que cela suffise à donner un sens à sa vie. Il s'agit bien plutôt ici de la nécessité irrationnelle d'une vie dite spirituelle...[1] »

On l'a dit, le rêve agit comme le bulletin quotidien d'information. Les nouvelles urgentes passent en premier : les rêves réactifs répondent aux besoins de notre corps physique et les rêves compensateurs se chargent de nos émotions. Puis, tout au long de la nuit, toutes les 90 minutes environ, la transmission se poursuit sous forme de comptes rendus imagés et condensés. Une image vaut mille mots, ne l'oublions pas ! Notre cinéma intérieur se déroule tantôt en noir et blanc, pour ceux qui ne s'attardent pas aux détails des couleurs, tantôt en technicolor, pour les personnes plus conscientes de la beauté et de la richesse des décors oniriques.

Le rêve, reporter officiel des aventures de l'âme, nous informe inlassablement.

---

1. C. G. Jung, *L'homme à la découverte de son âme*, p. 67.

Parfois, il fouille dans les archives du passé pour mettre en évidence un événement qui influence actuellement notre vie. Ce retour dans le passé nous renseigne sur un traumatisme oublié, une vieille peur ou un comportement antérieur qui refait surface.

À d'autres moments, le rêve projette des courts métrages futuristes qui sonnent l'alarme devant des actions à risque. Nos gestes présents auront des conséquences dans l'avenir, et les scénarios oniriques peuvent nous en prévenir pour mieux guider nos choix. Mais surtout, le rêve offre une documentation précise sur le quotidien récent. Sous bien des angles et dans toutes sortes de versions, il relate des expériences de jour pour permettre à la conscience d'intégrer les connaissances et les compétences fraîchement acquises par le rêveur.

Ce bulletin d'information nous offre une perspective globale de nos préoccupations du moment. Les peines, les déceptions, les joies et les attentes y sont reproduites en nouvelles brèves ou en longs reportages. Par la suite, l'analyse nous permet d'en extraire le sens pour mieux orienter notre conduite.

Dans le rêve suivant, Nathalie prend conscience du changement qu'elle doit effectuer dans son travail.

Titre : Se tuer à l'ouvrage

Je passe la soirée chez moi et décide de ne pas aller travailler le lendemain. J'appelle ma patronne qui m'annonce qu'elle ne sera pas au travail non plus. Malgré ma décision de la veille, je rentre au bureau le lendemain. Je me trouve avec un groupe de personnes autour d'une table. Toutes se montrent très négatives. Je me sens très malheureuse. Soudain je deviens spectatrice de la scène et je m'écrie : « Ne reste pas là, tu n'as rien à y faire ! »

Sentiments : danger, avertissement

La rêveuse songeait depuis plusieurs mois à changer d'emploi. Ce rêve lui a donné l'élan nécessaire pour passer à l'action. Ayant détecté un avertissement important, Nathalie a pris la décision de quitter son emploi, initiative qui a entraîné des changements positifs et de grandes joies dans sa vie.

Un autre aspect du rêve concerne l'exploration des dimensions de conscience qui transcendent le plan physique. L'âme, de retour de ses voyages intérieurs, rapporte au rêveur un profond sentiment de bien-être parce que les mondes qu'elle visite représentent sa demeure permanente et son foyer d'origine. Elle occupe un corps physique sur une base temporaire, le temps de prendre de l'expérience et de retrouver ses pouvoirs divins. Le terrain d'entraînement que lui offre la vie dans l'univers de la matière et du temps est nécessaire à son évolution.

Une ouverture sur l'autre réalité

Dans l'intimité de notre cœur et de nos pensées, des réflexions silencieuses s'installent. Des questions profondes jaillissent, auxquelles se greffent parfois des réponses satisfaisantes. Une petite voix intérieure se fait entendre. C'est la voix de l'intuition, le chuchotement de l'âme. Elle nous parle de notre vraie réalité, celle du monde intemporel, du divin.

Le travail sur les rêves s'insère alors dans une démarche personnelle que beaucoup d'entre nous percevons comme essentielle. Qui n'a pas l'intuition soudaine que le rêve fraîchement émergé de la nuit revêt une importance capitale ? Qu'il nous faut le raconter à quelqu'un qui saurait nous en expliquer le contenu ? Il nous arrive aussi de commencer un journal de rêves sans trop savoir pourquoi. Un jour, nos notes seront utiles, nous en sommes convaincus. Pour comprendre cette interrelation de l'humain et du divin, décrivons trois composantes particulières de la vie : l'Esprit, l'Âme et l'Ego.

Qu'est-ce que l'Esprit ? Les sciences physiques nous démontrent que l'univers est formé bien davantage de vide que de plein. Entre les particules de matière, aussi petites soient-elles, existe un espace immense occupé par une énergie non matérielle qui relie ces particules et maintient un ordre spécifique entre elles. Ce lien invisible assure une harmonie et un équilibre parfait. Nous pouvons qualifier cette énergie d'harmonisante et de « spirituelle ». Elle interpénètre toute forme de vie, du minéral à l'humain, en passant par le végétal et l'animal.

L'Esprit est présent en tout, mais à des degrés divers. La qualité de conscience détermine l'évolution de la forme de vie. La plante possède davantage de conscience qu'une pierre. Les expériences d'effets musicaux sur les plantes démontrent que certaines réagissent aux vibrations sonores. Une musique harmonieuse et inspirante favorise leur croissance alors que les sons discordants l'entravent. Ce degré de conscience, si minime soit-il, montre la présence de l'Esprit au niveau végétal.

Les animaux, au stade suivant de l'évolution, ont une conscience plus développée que le végétal et expriment certaines émotions comme l'attachement. Le lien d'amour qu'un animal domestique manifeste à son maître nous surprend toujours.

L'humain se situe au sommet de la pyramide de l'évolution, là où la vie est appelée à développer son potentiel divin. L'homme possède tous les outils nécessaires à sa croissance personnelle. Sa liberté d'action lui donne le choix d'agir comme bon lui semble. « L'Esprit est la totalité du pouvoir créateur, de tout ce qui est bon »[1].

---

1. P. Twitchell, *La Flûte de Dieu*, p. 182.

Pour nous en tenir à l'acception courante, l'« âme » est l'étincelle de vie qui anime le corps humain. C'est la partie divine de chaque individu, de nature identique à l'Esprit et dotée des mêmes attributs : amour, sagesse et liberté. L'âme est immortelle, invincible et illimitée. Ces qualités lui confèrent un pouvoir qui transcende toute limitation. En tant qu'âme, nous sommes à l'image du divin.

L'âme est une entité heureuse. Elle se réjouit des occasions qui lui sont offertes d'apprendre, de découvrir et d'expérimenter. Son attitude est comparable à celle du jeune enfant qui explore son environnement immédiat et s'émerveille de chaque découverte. L'enfant vit dans l'instant présent et se laisse fasciner dans la joie et la spontanéité. L'âme s'anime devant les événements qui l'ouvrent à de nouveaux sentiments, de nouvelles connaissances et de nouvelles aptitudes. Cette étincelle de vie s'individualise d'expérience en expérience, de vie en vie. Peu à peu, l'âme trouve son caractère unique et se différencie de ses consœurs. Sa mission personnelle se clarifie et s'harmonise avec le bien de l'ensemble, l'Univers. Deepak Chopra écrit : « Tout le monde a une mission dans la vie... un don unique ou un talent spécial à offrir à autrui. Lorsque nous mettons ce talent particulier au service des autres, nous connaissons l'extase »[1] ...

L'âme est « cause » et agit, alors que ses véhicules ou corps subtils sont « effets » et réagissent. La réaction appartient à l'Ego, qui est notre partie humaine. L'Ego représente la contrepartie de l'âme dans les mondes de la matière et du temps. Il donne forme à la personnalité de l'individu, détermine ses goûts et ses besoins. Aussi appelé le principe du plaisir, l'Ego recherche continuellement la satisfaction. Il ne cesse jamais de désirer, ce qui le fait souffrir et le limite. Comme l'enfant insatisfait, il réclame et demande inlassablement.

L'Ego expérimenté et plus mûr acquiert de la patience. La sagesse de l'âme le guide vers un équilibre propice à son développement spirituel. Nous ne pourrions pas

1. D. Chopra, *Les sept lois spirituelles du succès*, p. 107.

survivre sans l'Ego qui se charge d'assurer la conservation de l'individu dans son espace physique et psychique. Par exemple, une personne motivée par le don de soi, qualité inhérente à l'âme, risquerait de tout donner si l'Ego ne la retenait; sa survie serait menacée. Une part d'Ego maintient un juste équilibre entre l'amour des autres et l'amour de soi.

L'âme et l'Ego cohabitent à l'intérieur de l'humain, et les deux s'expriment dans notre vie éveillée comme dans nos expériences nocturnes. Le rêve compensateur, révélateur des besoins de l'Ego, assure une activité émotionnelle équilibrée. Il agit en tant que soupape pour favoriser une bonne santé affective. Un rêve de colère exprimée apporte le soulagement. Une scène contenant la manifestation de désirs inavoués apaise. Un rêve où l'on se permet d'être délinquant délivre souvent d'un conformisme devenu trop astreignant. Des rêves à caractère sexuel peuvent aussi calmer des instincts réprimés ou une libido puissante. Les travaux de Sigmund Freud en disent long sur ce sujet.

Le rêve spirituel relève davantage des besoins de l'âme. En validant nos rêves et leur nature spirituelle, nous favorisons un meilleur épanouissement intérieur tout en découvrant le potentiel illimité qui nous habite. Nous sommes des êtres spirituels immortels qui vivent des expériences humaines dans des corps mortels.

Partons à la découverte des multiples dimensions intérieures révélées par nos rêves. Dans les pages qui suivent, nous verrons comment faciliter les rêves spirituels et en augmenter la fréquence par une préparation adéquate.

Chapitre 3

Le voyage intérieur

Pendant que le corps physique dort et se régénère, l'âme demeure active car elle n'a pas besoin de repos. Le sommeil libérateur lui permet de s'envoler à intervalles réguliers dans les mondes invisibles. Ces expéditions nocturnes dans l'univers de l'imagination et des pensées ressemblent à des voyages.

Les rêves réactifs sont de véritables incursions dans notre vécu du moment. Ils nous procurent des données pertinentes et utiles concernant notre corps et notre environnement. Un malaise physique ou une perturbation environnante seront détectés et amplifiés par l'imagerie du rêve réactif. Des métaphores corporelles comme une voiture abîmée ou un immeuble endommagé peuvent nous parler de douleurs physiques ou d'un problème de santé. Le rêve est infiniment créatif pour dialoguer avec nous et nous informer.

Le voyage dans la dimension astrale, autre destination, fait office de cure de santé émotionnelle destinée à nous affranchir des sentiments réprimés le jour. Au pays des désirs, les rêves compensateurs se chargent de nous accorder ces défoulements sains et libérateurs. À l'étape suivante, celle de la dimension mentale, c'est la bonne marche de nos relations interpersonnelles qui est ciblée. En communiquant avec nos pairs par le biais du rêve télépathique, nous favorisons les échanges bénéfiques puisque nous sommes plus réceptifs la nuit que le jour.

La traversée temporelle, sorte d'excursion sur la trame du temps, nous fournit quant à elle des indices précieux sur les causes passées et les effets futurs. Ces données inestimables nous renseignent de façon étonnante sur notre situation présente. Les rêves portant sur notre enfance ou nos vies passées et les rêves prophétiques ou prémonitoires en sont des exemples.

Enfin, il arrive que des périples initiatiques s'insèrent dans les cycles majeurs de notre évolution spirituelle, donnant lieu à ce qu'on appelle des songes. Ces grands rêves nous marquent fortement, et, au réveil, nous sentons le besoin de les raconter. Ils nous semblent tellement réels que nous avons du mal à les différencier des expériences diurnes. Les rêves spirituels s'avèrent moins fréquents que les autres ; en contrepartie, ils nous « énergisent » pour une longue période. Nous avons tout intérêt à les reconnaître et à les chérir pour leur valeur inspirante et soutenante. Ils sèment l'espoir et nous redonnent courage en période de crise. Nous y reconnaissons notre divinité et, par le fait même, notre potentiel illimité.

Nous pouvons faire plusieurs types de rêves au cours d'une même nuit. Leur nature dépend des besoins affectifs et intellectuels du moment et des demandes individuelles grâce aux postulats. *L'Art de rêver*[1] fournit des informations pertinentes et des techniques appropriées pour distinguer les différentes catégories de rêves. Examinons- les dans une perspective d'exploration des dimensions subtiles de la conscience.

Le séjour astral

L'âme s'envole régulièrement au royaume des émotions et de l'imagination. Cette destination donne lieu aux rêves de nature compensatoire.

Le rêve compensateur porte bien son nom : il sert à compenser. Une colère réprimée éclate, un désir inassouvi est comblé, une crainte persistante s'exprime. Chaque émotion refoulée trouve une soupape dans le monde du rêve. Le rêve compensateur fait en sorte que chaque émotion non assumée ou mal intégrée le jour se libère la nuit. En ventilant ce bagage émotionnel enfoui dans le subconscient, nous libérons

1. N. Gratton, *L'Art de rêver*.

une énergie qui risque de devenir dérangeante si elle n'est pas exprimée.

Un événement malheureux vécu de jour réapparaît parfois la nuit. Cette résurgence ressemble à un examen échoué auquel nous aurions droit de reprise la nuit ; le rêve nous procure une deuxième chance de venir à bout d'une situation troublante. Les rêves répétitifs ou récurrents, pour leur part, sont un exemple de reprise non réussie. Ils reviennent tant et aussi longtemps que la leçon n'a pas été assimilée ou le message saisi.

Pendant le sommeil, l'âme visite le « spa du rêve » pour dorloter son corps émotif épuisé par le stress ou les épreuves. Elle profite de massages divins, d'enveloppements de tendresse et de soins énergétiques. La dimension astrale représente aussi le royaume de l'illusion, où se manifestent les fantasmes les plus farfelus, les désirs les plus exubérants et les audaces les plus folles. Le rêve est notre création et reflète nos pensées secrètes et nos désirs intimes. Puisque le cerveau ne fait pas de différence entre une action réellement vécue de celle imaginée ou rêvée, il envoie dans le corps, par le biais de ses messagers (les médiateurs chimiques ou neurotransmetteurs), des hormones correspondantes. Dans le cas d'une action qui génère la peur, les hormones de stress seront secrétées tandis que dans le cas d'une situation plaisante, les hormones du bien-être, dont les endorphines euphorisantes envahiront tout l'organisme. Le corps bénéficie donc des rêves avec des scénarios plaisants.

Les artistes trouvent matière à création aux niveaux supérieurs du monde astral. De grands cinéastes, des romanciers célèbres et des compositeurs y ont puisé des idées géniales. Les artistes peuvent aussi visiter des lieux inspirants et partager leur art avec des personnalités reconnues qui vivent maintenant dans la dimension astrale. Tout est possible : écouter des concerts sublimes ou jouer d'un instrument favori ; peindre tout à son aise ou admirer des chefs-d'œuvre du passé ; lire des textes sacrés ou s'adonner à l'écriture ; danser ou chanter... C'est le monde de la créativité astrale.

La capacité de voler, de planer ou de passer à travers les portes et les murs caractérise le voyage dans la sphère astrale. De même, le pouvoir de se transporter d'un lieu à un autre à la vitesse de la pensée. Puisque la pensée crée et que la matière astrale y répond immédiatement, il suffit d'imaginer un endroit pour s'y trouver instantanément.

Les voyages de plaisance font aussi partie du séjour astral. Les enfants sont des champions dans ce type de randonnées. Au moment de partir pour le pays des rêves, leur imagination fertile les guide à l'endroit de leurs désirs. Ensuite, l'âme audacieuse s'aventure dans des contrées fantastiques dignes des plus beaux contes de fées. Par contre, le visionnement d'un film d'horreur, juste avant le sommeil, entraînera des cauchemars à cause de son impact sur l'imagination enfantine. De là l'importance de lire ou de raconter de belles histoires à nos enfants afin de favoriser une envolée joyeuse dans le monde du rêve[1].

Du voyage agréable dans un décor paisible au séjour culturel dans le royaume des

1. N. Gratton, *Rêves et Complices*.

arts, en passant par le safari au pays de l'imagination, le voyage onirique est à la portée de tous. Sa forme dépend des besoins du moment et des préoccupations quotidiennes. En cette matière, l'audace est une garantie du succès et la curiosité, une incitation à explorer le royaume de l'imagination.

Le voyage dans le temps

Les scènes du passé et les images de nature prophétique sont monnaie courante dans nos rêves. Illimitée, l'âme voyage aisément dans l'espace-temps, et le monde du rêve temporel lui ouvre les portes du passé, du présent et du futur.

Cependant, il suffit d'ignorer ce fait pour que les rêves temporels échappent à notre attention. Par contre, si nous tenons notre journal de rêves à jour et le consultons régulièrement, nos escapades dans le temps se révéleront à notre conscience de jour.

Dans notre vie éveillée, il nous arrive fréquemment d'oublier des événements devenus trop lourds ou trop douloureux à porter. Lorsque le temps est venu de réactiver le souvenir pénible afin d'en comprendre les répercussions actuelles, le rêve nous amène sur la trame du passé et se charge d'évoquer en douceur l'ancienne cicatrice. Il s'ensuit généralement une guérison libératrice et permanente.

Dans le rêve suivant, Lorraine, récemment mariée et heureuse dans sa vie professionnelle, comprend enfin la raison d'une tristesse intérieure qui l'habitait depuis de nombreuses années.

Titre : L'abandon

J'ai environ quinze ans et je suis assise devant une fenêtre. Je sais que j'attends le retour de mon père. J'entends une voix derrière moi qui dit : « Cesse t'attendre, papa ne reviendra jamais. Il est mort. » Je reconnais cette voix comme étant celle de mon grand frère.

Sentiments : peine immense et abandon

La rêveuse s'éveille en pleurant à chaudes larmes. Intriguée par le scénario, car elle n'a pas de frère dans sa vie présente, elle suppose alors que cette scène appartient à une autre incarnation. Soudain, elle sent une transformation intérieure, une légèreté qui l'habite. La tristesse habituelle s'est dissipée. Du fait de valider l'immense peine et l'abandon ressentis par la perte d'un parent, Lorraine a bénéficié d'une guérison intérieure. Le voyage dans le passé s'avère ainsi utile pour une compréhension élargie du présent.

Les sauts temporels en avant dans le temps peuvent guider vers de meilleurs choix et de justes décisions. Ils font entrevoir les conséquences futures de nos gestes présents. Le phénomène du «déjà vu» témoigne de ce type de voyage. Nous avons l'impression, à l'état d'éveil, de revivre ce qui se déroule sous nos yeux, de reconnaître des lieux, de deviner les paroles qui vont être prononcées. Tout cela ressemble à une «reprise» et c'est fascinant! Ce phénomène est généralement une manifestation du rêve prémonitoire.

Nous pouvons donc observer l'avenir par la lorgnette du rêve. Le futur n'étant généralement qu'une somme de probabilités, cet aperçu partiel de possibilités latentes nous incitent soit à maintenir le cap sur une destination favorable soit à oser des changements pour éviter un futur désagréable. Josée qui désirait ardemment être enceinte a eu deux rêves marquants. L'un au moment de sa première grossesse qui s'est terminée avant terme, et l'autre qui la préparait à une deuxième grossesse. Voici le premier rêve prémonitoire :

Titre : Ma fille est morte

Alors que j'étais enceinte de six mois dans la réalité, je rêve que je suis dans un hôpital. Je marche le long des corridors en criant à l'aide, car je porte ma fille dans mes bras. Elle ne bouge pas. J'ai terriblement peur, car je me doute qu'elle est morte. Personne ne vient à mon secours.

Sentiment : désespoir

Au réveil, Josée ressent fortement l'angoisse qui persiste. Quelques jours plus tard, elle se retrouve à l'urgence pour de gros maux de ventre. Elle fait une fausse-couche. À cause de son rêve, elle vit ce moment tragique avec davantage d'acceptation. Deux ans plus tard, après de nombreuses tentatives pour être enceinte, elle constate que ses menstruations retardent. Dans sa hâte de savoir, elle décide de faire un test de grossesse avec son urine du soir. Le test est négatif et elle met le produit à la poubelle, car le pharmacien lui dit qu'il n'est pas réutilisable. La nuit suivante elle a un rêve.

Titre: Enfin enceinte

J'entends une voix qui me dit très clairement de refaire le test avec le produit de la veille et qu'il sera positif. Je suis folle de joie.

Sentiment: bonheur extrême

Le lendemain, malgré l'avertissement du pharmacien, Josée récupère la languette jetée et fait le test qui effectivement devient positif. Neuf mois plus tard, elle donne naissance à un beau garçon en pleine santé.

Avertissement ou encouragement, le rêve temporel futur demeure un cadeau de la nuit car il permet aussi une préparation adéquate à un événement incontournable. Le rêve de Laura, l'avertissant d'une séparation possible illustre cet aspect prémonitoire.

Titre: Direction opposée

Je marche sur le trottoir et j'aperçois mon ami de cœur sur le trottoir d'en face. Il avance dans la direction opposée à la mienne. Je l'interpelle et il me salue de la main comme pour me dire adieu. Je continue mon chemin sans me retourner.

Sentiment: détachement.

Le lendemain, cet ami lui téléphone pour lui annoncer qu'il veut rompre leur relation. D'abord atterrée par la nouvelle, Laura pense à son rêve et accepte la rupture. Sans atténuer la douleur, le rêve a néanmoins préparé la rêveuse à recevoir le choc et à faire face à la situation avec détachement, car la métaphore du rêve lui indiquait que leur objectif de vie était différent (direction opposée).

Au pays de la connaissance

Le voyage dans les mondes subtils de la conscience se poursuit dans une dimension plus élevée en taux vibratoire: le plan mental, lieu inspirant pour l'intellect, où un flot continu de pensées circule pour nourrir les esprits ouverts à la connaissance.

Par la pensée, nous communiquons régulièrement avec les gens qui nous sont chers. Ce lien intérieur est appelé télépathie. Pour certains, la télépathie demeure un phénomène rare en état d'éveil[1]. Notre pensée rationnelle de jour est souvent bornée par des préjugés et des opinions limitatives. Le sommeil libérateur dissout ces barrières mentales. Il devient alors possible de communiquer avec d'autres personnes pour régler des conflits, harmoniser des relations ou tout simplement pour le plaisir.

Dans ses écrits, Jung mentionne: «Bon gré mal gré, il nous faut, par ailleurs, accorder au phénomène télépathique le rang de déterminante possible du rêve. L'on ne saurait aujourd'hui douter de la réalité générale de ce phénomène»[2].

Le rêve de Johanne démontre cette capacité. À la suite d'une discussion avec son conjoint sur le choix de leurs prochaines vacances d'hiver, elle avait remarqué que ce dernier était devenu assez silencieux. Elle a

1. P. Boucher, *Rêves et Télépathie*.
2. C. G. Jung, *L'homme à la découverte de son âme*, p. 226.

alors noté une demande dans son journal de rêves : « Cette nuit, je comprends le silence de mon conjoint. »

Titre : La blessure

J'entre dans une pièce sombre. Je tente de trouver une lampe de poche pour y voir clair. Soudain j'entends un son qui ressemble à la plainte d'un enfant souffrant. Malgré la noirceur de la pièce, je me dirige tout droit vers l'origine du son. Une personne est recroquevillée dans un coin de la pièce. Au toucher, je reconnais le chandail de laine de mon conjoint, celui qu'il aime porter en hiver. J'entends alors ces paroles : « J'ai très mal, je suis blessé. »

Sentiments : regrets et peine

Au réveil, Johanne se souvient que la décision finale pour leurs vacances a été celle de son choix. Elle réalise soudain qu'en refusant la proposition de son conjoint, elle l'avait blessé. À la suite de ce rêve, elle décide de reprendre la discussion des vacances en le laissant défendre son choix à lui. Elle réalise alors combien il tient à cette destination. Le rêve télépathique lui a permis de capter la douleur profonde de son conjoint devant une décision en apparence superficielle.

Grâce aux contacts télépathiques facilités par le rêve, nous pouvons aussi revoir des personnes décédées. Ces rencontres spontanées ou provoquées par une demande spécifique sont un baume pour les cœurs endeuillés[1]. Les retrouvailles oniriques permettent de compléter des adieux non terminés, de prendre des nouvelles de l'âme de la personne décédée ou de valider un lien d'amour que la mort ne peut rompre.

Dans la dimension mentale, nous pouvons aussi visiter des endroits hautement inspirants qui servent de lieux de savoir pour les âmes curieuses et ouvertes. Les personnes qui se consacrent à l'avancement de l'humanité visitent régulièrement cette sphère de connaissance afin d'y puiser les informations nécessaires au développement scientifique et à l'évolution humaine.

1. M. Lapensée, *Rêves et Deuil*.

Chapitre 4

Les rêves d'exploration

J'avance sur une route baignant dans la lumière ; je suis éblouie par le décor enchanteur d'un lieu paisible ; je me laisse transporter par une musique sublime. Voilà autant d'indices qui laissent présager que mon rêve m'a transportée dans la dimension spirituelle. Cette destination, accessible à tous, constitue le foyer d'origine de l'âme. Le temps, l'espace et la matière en sont absents. Il s'avère donc difficile de décrire ce monde lumineux, inspirant et régénérateur. Ce qu'on en sait, c'est qu'il dégage au réveil un profond sentiment de paix et de sérénité.

Une randonnée dans la dimension spirituelle dépose des perles de sagesse dans notre conscience et notre cœur. Il en résulte une plus grande joie dans nos actions et davantage d'amour dans nos pensées. De plus, le rêve spirituel nous insuffle un élan de vitalité pour mieux amorcer la journée. Ce type d'expédition peut sembler rare. En fait, nous avons accès au plan spirituel aussi souvent que notre cœur le désire. Audace, confiance et abandon sont des guides sûrs.

Un voyage au royaume de l'âme laisse souvent dans son sillage des images d'une clarté exceptionnelle. Délivrés de nos enveloppes physique, émotionnelle et mentale, nous nous déplaçons avec notre corps de lumière. En ces lieux grandioses, il est possible d'expérimenter le grand Vide. L'âme libérée de ses passions et de ses attaches vit à la hauteur de ses aspirations les plus nobles. Pour illustrer cette possibilité, voici le rêve de Louise.

Titre : L'aigle solitaire

Dans un terrain vaste et désert, je vois un aigle perché au sommet d'un arbre. Seul le vent tient compagnie à cet aigle solitaire. Plus j'observe la scène et plus j'écoute le vent, plus je me sens prête à passer à l'action. Comme l'aigle aventureux, je me sens forte et libre.

Sentiment : joie intense

Pour la rêveuse, l'aigle représente l'âme. Trônant au sommet de l'arbre, l'oiseau possède la liberté spirituelle qu'elle désire depuis toujours. Le sentiment final montre qu'elle accepte joyeusement cette nouvelle liberté.

Savoir où aller

Pour explorer toutes ces dimensions de conscience par le biais des rêves, il faut d'abord savoir qu'elles existent. Comme on consulte une agence de voyages pour planifier un séjour à l'étranger, on devrait demander conseil avant d'entreprendre nos périples de nuit. Or, les agences de voyages oniriques se font plutôt rares. Pour nous informer dans cette démarche, nous allons donc nous tourner vers des écoles de pensées, des écrits et des enseignements spirituels.

Un intérêt authentique et un désir sincère mettront sur notre chemin les personnes ressources, l'enseignement adéquat ou les lectures appropriées. Il ne faudra pas nous étonner de certains hasards ou de rencontres inattendues qui semblent favoriser notre recherche. L'Univers veille sur nous et répond à nos besoins les plus infimes pour nous guider.

Le rêve nous branche sur le canal des informations. Grâce aux images oniriques, nous pouvons avoir des réponses pour nos interrogations du moment. Marielle, qui avait suivi une formation dans laquelle l'instructeur affirmait que nous avons tous une couleur et un son qui nous sont propres, a décidé de questionner ses rêves en demandant ceci : « Cette nuit, je connais ma couleur et mon son personnel. »

Titre : Mon identité retrouvée

Je vois devant mes yeux une magnifique rose d'un rouge écarlate. Au-dessus de celle-ci une autre fleur se dépose mais de couleur rose tendre. Puis, une rose blanche arrive à son tour. J'entends alors un son cristallin et je distingue le son « A ». La rose blanche devient soudain cristalline et je me transporte sur le sommet d'une montagne. De là-haut, je peux chanter mon son personnel et ceci ouvre mon cœur qui émet de l'amour à profusion accompagné d'une lumière irradiante. Je sais aussi que seules les personnes qui le demandent peuvent en bénéficier.

Sentiment : allégresse

Au réveil, Marielle a la certitude d'avoir trouvé son identité spirituelle par la métaphore de la «rose» et le son «A». La clarté des images et le sentiment d'allégresse renforcent cette certitude. On reconnaît aussi dans son rêve quelques symboles spirituels comme le son cristallin, la couleur blanche et la lumière irradiante.

Oser l'aventure

Qui n'a pas déjà éprouvé au réveil une énergie telle qu'il a envie de changer le monde ? Qui n'a pas ressenti un immense enthousiasme l'incitant à vivre pleinement le moment présent ? Certains matins, la paix et la sérénité qui nous habitent sont si profondes que, temporairement, rien ni personne ne peut nous ébranler. Carmen partage son rêve.

Titre : Les étoiles filantes

C'est la nuit, et j'observe le ciel. Soudain, je vois une étoile filante suivie de plusieurs autres. J'aperçois ensuite les constellations et d'un coup, elles se décomposent en milliers d'étoiles filantes. Je suis émerveillée par cette scène, et je me dis que je peux faire autant de vœux qu'il y a d'étoiles filantes.

Sentiment : bonheur

La rêveuse précise que cet état ne l'a pas quittée pendant plusieurs jours. Les étoiles filantes étant pour elle des symboles de beauté, d'amour et de richesse, ce rêve lui indique qu'elle possède dans son ciel intérieur tous ces trésors. Il ne lui reste qu'à oser formuler des vœux à la hauteur de ses aspirations. Dans sa vie éveillée, elle vit de grands changements difficiles à accepter, et le rêve la réconcilie avec le pouvoir qu'elle a d'accéder au bonheur (sentiment final).

Il existe de nombreuses techniques servant à induire ou à provoquer des nuits inspirantes, qui déposent des joyaux dans notre cœur. Avant le coucher, la méditation et la contemplation permettent de prendre contact avec l'énergie spirituelle qui sommeille en nous. L'ouverture intérieure facilite une communication directe avec le courant divin (ou énergie cosmique). Ce courant lumineux nous transporte vers des niveaux élevés et favorise des rêves d'envol de nature spirituelle.

Un « décollage » en douceur amorcé par l'ouverture intérieure est plus agréable qu'un départ troublé par un film tragique ou une dispute familiale. En préparant notre sommeil par un exercice de relaxation, nous créons un contact intérieur avec notre nature divine, celle qui sait tout et peut tout. La détente préalable suscite des rêves qui suggèrent des solutions aux problèmes quotidiens.

Les premières tentatives ne se révéleront peut-être pas concluantes. En effet, nos vieilles habitudes sont parfois tenaces. Cependant, la persévérance et la patience viendront à bout des résistances du mental habitué à ruminer ses problèmes. Une première victoire finira par briser le cycle infernal des « Ça va de mal en pis » pour tracer un nouveau sillon de «Ça va de mieux en mieux». Nous pouvons de cette façon désamorcer un système de pensées négatives ou réactives qui sabote notre vie éveillée.

Par des rêves lumineux, nous accédons à la source de notre droit le plus légitime, le droit au bonheur. L'âme est une entité heureuse, ce que nous avons malheureusement oublié au cours de nos nombreux périples de vie.

La transformation par le rêve peut aussi s'effectuer en plusieurs étapes. La période préparatoire nous ouvre à l'éventualité d'un changement positif. Puis, le rêve curatif apparaît. Voici le témoignage de Caroline, dont le rêve se présente en deux séquences.

Titre: Le domaine de la guérison

Je me rends dans un genre de maison de repos guérir mes maux de l'âme et trouver des réponses à mes questions. À l'arrivée, nous sommes plusieurs et un guide nous fait visiter le domaine. Dans l'enceinte principale, notre hôtesse nous demande de remarquer les sculptures de pierre. Elle nous explique que tout au long de notre cheminement, les chevaux sculptés grandiront, et que lorsque nous aurons des réponses à nos questions, un des anges sculptés sortira de la pierre pour venir à nous. Les personnes qui m'entourent ont l'air sceptiques. Moi, je la crois.

(Quelques jours plus tard, dans un autre rêve.)

Je suis dans le même domaine. Après une rencontre de groupe, je demeure sur place avec deux autres jeunes filles. Elles me demandent de les accompagner dehors. Au moment de sortir, je regarde le cheval sculpté de droite, je remarque qu'il a grandi. Puis j'observe l'ange de pierre, et il semble avoir changé aussi. Soudain, l'ange sort de la pierre et vient vers moi... (le réveille-matin sonne et je m'éveille.)

Sentiments : étonnement, bonheur

Le rêve en deux épisodes suggère que le lieu de guérison visité par la rêveuse existe puisqu'elle y est retournée. Dans la seconde partie, elle constate qu'elle reçoit les soins demandés et le signe de reconnaissance se produit (les sculptures transformées). Une telle confirmation s'avère précieuse et permet d'accepter les bienfaits du rêve lors d'une période difficile.

Nos expériences individuelles confirment la réalité des dimensions spirituelles de la conscience ; ce sont nos meilleurs outils de vérification. Osons nous en servir pour mieux savoir !

Être audacieux

Une condition importante d'accès aux sommets spirituels du rêve consiste à avoir une bonne image de soi. Si je ne m'aime pas ou si je ne me sens pas digne de faire des rêves joyeux et inspirants, il est fort probable que mes nuits me renverront l'image que j'entretiens le jour : un portrait déformé, amoindri et faussé. Les rêves constituent le miroir de notre réalité intérieure, c'est-à-dire le fruit de nos pensées et de nos attentes.

Pour reconquérir notre vraie nature, il faut donc accomplir un travail quotidien d'amélioration de notre estime de soi. Nous sommes des êtres de Lumière, des âmes souveraines et libres d'exprimer les qualités de l'Esprit : amour, sagesse et liberté.

Par le rêve, il est possible de retirer petit à petit les nombreux masques qui cachent notre luminosité intérieure. Ces façades trompeuses camouflent notre véritable identité spirituelle. En osant imaginer que nous sommes plus qu'un corps physique limité, plus qu'un ensemble d'émotions troubles et qu'un agencement de pensées sombres, nous accédons à notre être illimité, invincible et immortel. Par la suite, des rêves de victoires sur l'ennemi, de paysages remplis de splendeurs et de rencontres inspirantes deviendront de plus en plus fréquents.

Au fil des ans, j'ai remarqué combien mes rêves se sont ennoblis et enrichis parce que je crois en ma nature divine. Les scènes d'impuissance, fréquentes autrefois, se sont estompées. Au lieu de courir dans un immense champ aux herbes trop hautes qui freinent mes pas, je me vois maintenant planer au-dessus de magnifiques collines verdoyantes, escalader avec aisance de majestueuses montagnes ou avancer sans entraves dans des lieux lumineux. Le sentiment de liberté qui accompagne ces rêves dure souvent toute la journée.

Pour accéder à une vie de nuit exquise, il s'avère donc important de s'en croire digne. Cette démarche imprimera à nos actions de jour une direction plus créative et heureuse. Nous avons droit au bonheur, mais encore faut-il lui faire de la place dans notre intérieur. La vie se chargera ensuite, par la loi d'affinité, d'attirer à nous ce à quoi notre cœur aspire. Le courage et la persévérance se révéleront les alliés les plus sûrs des voyageurs confiants et audacieux que nous sommes.

Chapitre 5

Comment se préparer

Nous savons d'ores et déjà que la nuit nous révèle la partie la plus intime de notre être. En effet, lorsque l'écran intérieur s'anime, nos émotions enfouies refont surface et nos pensées les plus intimes s'expriment. Des images lumineuses apparaissent soudainement, nous rappelant nos origines divines. En prenant conscience, par le rêve, de ce contenu secret, nous revenons de nos randonnées nocturnes avec le sentiment de nous connaître davantage.

Mieux nous saisissons nos origines célestes, mieux nous nous portons ; nous sommes enfin capables d'assumer l'être de

Lumière que nous sommes. En découvrant notre partie immortelle, invincible et illimitée – l'âme – nous modifions notre niveau de conscience. Cette reconnaissance génère un sentiment de confiance et de certitude : tout devient possible.

Un rêve fait il y a plusieurs années, alors que j'étais en questionnement sur l'existence des mondes intérieurs, m'a profondément marquée.

Titre : Le voyage intérieur

Je suis avec un personnage bienveillant. Il me fait visiter des lieux d'une grande beauté. Je me sens merveilleusement bien dans ce décor lumineux où tout semble facile et simple. La visite se termine et mon compagnon m'indique le chemin du retour. Je dois passer à travers des couches de matière vibratoire qui se densifient de plus en plus. Je réalise soudain que ces couches sont les dimensions de conscience dont parlent les enseignements spirituels. J'observe attentivement. En passant à travers le plan mental, je ressens une immense vague de connaissances traverser mon esprit. J'ai alors le sentiment que mon intellect est stimulé au point de tout connaître. C'est sublime. Ensuite, je traverse la prochaine dimension, le plan astral. Je ressens alors toute une gamme d'émotions allant de la joie pure à la sensualité la plus extasiante. C'est très vibrant. J'aboutis finalement à mon corps physique et je m'éveille.

Sentiments : surprise et euphorie

Après ce rêve, je ne doute plus de l'existence des plans invisibles et des corps subtils qui recouvrent l'âme. Je sais maintenant avec une certitude inébranlable, et je remercie mon guide de m'avoir permis une telle expérience. L'intensité de ce vécu m'a confirmé la valeur spirituelle des mondes intérieurs.

Le voyage au pays des rêves demeure un apprentissage unique pour chacun. Il vaut la peine de s'y préparer de façon adéquate afin de bien profiter de ce précieux cadeau offert par le sommeil libérateur. Notre capacité de choisir et de décider fait partie de nos droits divins. Dans un esprit d'aventure et d'audace, nous pouvons orienter nos rêves vers des horizons nouveaux.

La destination

Qui sommes-nous et où allons-nous? Quel est le sens de la vie? Pourquoi la souffrance et la mort existent-elles? Ces questions nous tenaillent tous un jour ou l'autre. Notre véritable nature est divine et possède les mêmes attributs que son créateur: amour, sagesse et liberté. Peut-être l'avons-nous oublié?

Mieux on reconnaît ces qualités spirituelles, plus rapidement elles s'expriment dans le vécu diurne et nocturne. Nos prises de conscience attirent les événements qui nous révèlent notre potentiel divin. Quand nous connaissons notre véritable valeur, l'inquiétude face au changement devient une attente joyeuse devant l'inconnu porteur de nouveauté, et la crainte de la mort se mue en un détachement serein appuyé sur la conviction que l'âme est immortelle. Que de transformations bénéfiques pour mieux affronter les difficultés temporaires de la vie!

Les rêves peuvent nous aider à accélérer ce processus de changement. Tout est question de choix. Nous pouvons, si nous en décidons ainsi, dormir pour tout oublier. Dans ce cas, pas de destination. Aucun souvenir de rêve, aucune image à l'horizon, aucun sentiment au réveil. Le sommeil ne nous aura offert qu'une amnésie temporaire avec l'impression, le lendemain, d'arriver de très loin ou de nulle part.

La nuit peut aussi être un temps d'évasion. Adieu routine, quotidien ennuyant et tâches répétitives ! Bienvenue nuits exotiques, décors enchanteurs et scènes exaltantes ! Héros d'un soir, célébrité d'une nuit, nous acquérons momentanément des pouvoirs magiques. Tout est possible dans les dimensions créatrices du rêve.

Nous pouvons opter pour le bilan personnel. Le rêve, qui représente notre réalité intérieure, reflète, tel un miroir, l'image de notre vécu actuel. Cette réalité est parfois amplifiée (la fusillade dangereuse, le lapin géant, la voiture à deux volants...), parfois résumée en une métaphore significative et franche qui nous éclaire sur notre comportement (le train manqué, la route dangereuse, l'enlisement dans les sables mouvants...). L'observation de notre vie sous des angles différents nous montre certaines faiblesses à corriger, des plaies émotionnelles à guérir ou des attitudes malsaines à modifier. Cette analyse personnelle, cette introspection, est utile pour améliorer l'existence quotidienne.

L'équipement de voyage

Les rêves spirituels demandent qu'on s'y prépare. Un désir sincère servira de billet de transport pour ce périple dans les mondes subtils. La simple curiosité ne suffit pas. L'énergie nécessaire pour nous propulser vers les hauteurs spirituelles du monde onirique ne peut être générée que par un désir profond et authentique.

Il nous faut aussi une carte routière qui nous montre le chemin le plus direct vers notre destination. Des lectures inspirantes en tiendront lieu, riches d'informations et de descriptions détaillées. Ainsi munis, nous nous acheminerons plus aisément vers les mondes intérieurs qui nous attendent chaque nuit. Les dimensions de l'astral et du mental sont vastes. Grâce à des points de repère simples et identifiables, nous saurons nous y retrouver et y retourner à volonté. « La conscience est un continuum s'étendant de la vigilance physique à travers des états progressifs de conscience jusque dans les zones non physiques de l'univers dont l'existence est bien au-delà de notre vision scientifique actuelle... Chaque rêve et chaque méditation nous permettent d'entrevoir une partie de ce continuum de conscience personnelle »[1].

En voyage, un passeport ou un sauf-conduit sont indispensables. Celui qui convient le mieux aux rêveurs aventureux est l'imagination. L'imagination créatrice ouvre les portes des mondes intérieurs. Cette faculté omniprésente chez l'enfant a tendance à s'estomper quand on devient adulte. Pourtant, elle demeure un atout essentiel pour amorcer une ouverture aux rêves spirituels. Si l'imagination n'est pas au rendez-vous, nous pouvons l'activer par la visualisation. L'exercice consiste à créer un scénario avec des images vivantes. Les yeux fermés, nous laissons notre créativité

---

1. W. Bulhman, *Voyage au-delà du corps*, p. 124.

élaborer une scène qui nous conduit dans un lieu inspirant. Nous y ajoutons des sentiments et le tour est joué. Nous voilà donc au pays de l'imaginaire, baignant dans des sensations agréables, prêts à être propulsés dans le monde du rêve. Cela vaut bien mieux que de sombrer dans le sommeil tout alourdis par des préoccupations déprimantes. Avec le temps, l'imagination se transforme en expérience, puis en connaissance. Notre vécu de nuit est alors teinté de vérités personnelles stimulantes et inspirantes acquises dans les hauteurs sublimes des plans divins.

Pour être fin prêts, il ne reste plus qu'à nous munir d'un vaccin contre la maladie la plus insidieuse qui soit en voyage : la peur ! Inoculons-nous donc d'une dose de courage par le moyen d'un exercice sonore. Il s'agit de chanter un son ou mantra inspirant qui élève les vibrations et suscite en nous la bravoure et l'audace. Depuis plusieurs années, je pratique cette technique avec le son HU (se prononce « hiou »). Assis confortablement, le dos droit et les yeux fermés, prenez quelques respirations pour induire une grande détente, puis inspirez profondément et expirez lentement en prononçant le son hiou-ou-ou-ou... Recommencez en allongeant doucement le son. L'exercice peut durer de 5 à 20 minutes, le temps de sentir le courage s'infiltrer dans toutes les fibres du corps.

Maintenant que nous sommes bien équipés pour nous aventurer dans l'intimité de nos nuits, voyons comment amorcer un départ réussi.

Le départ

Un bâillement long et profond est une invitation au sommeil. La nuit réparatrice nous appelle à une séance de repos bien mérité. Dans les quelques instants qui précèdent le décollage vers le pays des rêves, nous avons tout le loisir de choisir une destination convenant à nos besoins et désirs. Ce moment de décision peut être rapide. En effet, nous pouvons choisir une demande qu'on appelle un *postulat de rêve*. Le postulat est une induction précise que l'on formule pour obtenir le rêve désiré. Une fois choisi, on inscrit la commande dans notre journal de rêves. Grâce au postulat de rêve, nous orientons notre voyage dans une direction spécifique plutôt que de nous laisser flâner ou tourner en rond dans les mondes intérieurs.

À titre d'exemples, voici quelques options intéressantes : pour une nuit relaxante après une journée mouvementée, j'inscris le postulat suivant : « Cette nuit, je me détends et me régénère sur une plage ensoleillée afin de refaire mes forces. » Par contre, si je ressens le besoin de guérir une peine profonde, j'inscris : « Cette nuit, je vais faire panser mes plaies de cœur dans un lieu rempli d'amour divin. » Une envie soudaine de briser la routine ennuyante peut me faire choisir : « Cette nuit, je rencontre des gens inspirants et nous festoyons dans la joie. » Pour améliorer des aptitudes artistiques, on peut demander : « Cette nuit, je pratique mes gammes de piano... je perfectionne mes talents de peintre... j'exerce ma voix pour mieux chanter... je compose de magnifiques poèmes... je trouve de nouveaux éléments de décoration pour ma maison... » Les choix sont infinis. La nuit est suffisamment longue pour que se réalise au moins un souhait[1].

---

1. N. Gratton, *Les rêves, messagers de la nuit,* (plus de 150 modèles de postulats de rêve y sont mentionés).

La deuxième technique demande plus de temps et se nomme l'incubation. Celle-ci permet de nourrir lentement la demande souhaitée. Cette technique fut très en vogue dans la Grèce antique. Les pèlerins venaient de partout pour incuber des rêves allant du message divin aux rêves de guérison. Une composante importante de l'incubation est la réflexion prolongée, où l'on prend le temps d'examiner les différents aspects du problème à régler: «Quelles sont les différentes solutions possibles?» On se permet d'observer les multiples possibilités d'un projet en cours: «Comment puis-je élaborer des moyens nouveaux pour accroître le rendement de tel programme?». La pensée créatrice activée pendant une vingtaine de minutes amorcera le processus d'investigation que le rêve pourra ensuite poursuivre pendant le sommeil. Au réveil, des solutions intéressantes se présentent, soit par l'intuition (en l'absence de souvenir de rêves) ou par des images symbolisant la réponse attendue[1]. Intuition précieuse ou scènes révélatrices, on doit tout noter en vue des vérifications ultérieures.

---

1. N. Gratton, *Rêves et Symboles*.

Parfois il est préférable de ne pas analyser tout de suite ses notes de rêves. Le recul permettra de mettre les données inscrites en rapport avec les événements qui se produiront ultérieurement. En d'autres mots, la relecture, une semaine ou un mois plus tard, permet de faire des liens entre le postulat ou la demande et les résultats obtenus.

Il est capital de noter les sentiments qui accompagnent le scénario, car ils valident l'aspect subjectif de ces envolées nocturnes directement reliées au vécu de jour. Par exemple, un sentiment final de libération, en rêve, nous réconcilie avec la liberté inhérente à l'âme ; la joie nourrit l'esprit en quête de nouvelles découvertes ; la paix et la sérénité, en rêve, nous apaisent durant les moments pénibles de la réalité quotidienne. Tous ces sentiments nobles éprouvés durant la nuit nous redonnent notre dignité humaine et sèment l'espoir d'une vie plus heureuse et plus gratifiante. Les rêves spirituels nous procurent la force nécessaire pour affronter les aléas de la vie, ils allègent les épreuves du quotidien.

Chapitre 6

Les rêves d'enseignement

Afin de bien profiter de nos voyages dans les contrées spirituelles, nous pouvons faire appel à un guide touristique. Cet accompagnateur connaît bien l'ensemble des destinations oniriques, car il est lui-même un grand explorateur et un voyageur expérimenté. De plus, ce guide veille à nous enseigner tout au long de nos périples oniriques. Cet enseignant s'appelle le guide du rêveur. Mais qui est ce personnage énigmatique, quel rôle assume-t-il et comment peut-on le rencontrer ?

Le guide du rêveur

Le maître du rêve est, sans contredit, le meilleur ami du rêveur. C'est le protecteur de nos nuits et notre assistant. Sa connaissance des mondes invisibles en fait un excellent guide et un précieux collaborateur. On peut l'associer à l'ange gardien qui nous protège et nous guide constamment. Peu importe le nom qu'on lui donne : guide intérieur, être de Lumière ou entité angélique, il demeure le maître du rêve.

Comme il est d'essence spirituelle et que son corps d'énergie n'a pas de forme particulière, le guide du rêveur se manifeste d'une façon qui convient à nos attentes. Ainsi, l'apparence qu'il prend dans nos rêves pour se révéler à nous ne heurtera jamais nos croyances profondes.

Le maître du rêve peut être représenté par un personnage symbolique ou une autorité en qui nous avons confiance, tels un ancien professeur, un personnage inspirant ou un représentant religieux. Parfois, il prend la forme d'une figure spirituelle historique comme Jésus ou Bouddha. Il peut aussi apparaître sous l'aspect d'une personne aimée, vivante ou décédée, tels un parent ou un ami qui symbolisent sagesse et bonté. Quelle que soit la forme que le guide du rêve revêt, nous nous sentons toujours à l'aise en sa présence, ce qui nous incite à écouter ses conseils et à accepter sa protection. Une amie me confie ce rêve.

Titre : C'est fini, c'est magnifique

J'accède à une immense salle rectangulaire, et mon regard balaie l'espace pour s'arrêter sur le mur du fond. Là, comme une sculpture suspendue à un mètre du sol, Bouddha se tient debout et me regarde. Soudain, son visage impassible se meut, il sourit et me dit simplement : « C'est fini, c'est magnifique. » Tandis que les mots résonnement en moi, je m'éveille partiellement. Je suis encore en partie dans le rêve. Que me dit le Bouddha ?... Je ne saisis pas tout. Je retombe alors dans un autre rêve.

Je suis dans ma chambre de petite fille. Elle est colorée et ensoleillée. Ma mère (décédée depuis plusieurs années) y entre et nos regards se croisent. Ses yeux sont empreints de tendresse alors que dans la réalité son affection m'a beaucoup manqué. Nous nous assoyons sur mon lit. Ma mère me donne la main. En face se trouve un mur sur lequel apparaît une poupée debout, de la taille d'une petite fille. D'un coup, tous ses vêtements tombent, elle se retrouve nue.

Sentiments : simplicité et authenticité

La rêveuse partage cette réflexion : « Je viens de vivre un rêve à la fois personnel et magnifiquement transpersonnel et transcendant. Bouddha représente une figure de transformation absolue. La seconde partie du rêve concerne la réunification du principe féminin : l'anima. La fille-enfant et la mère se réconcilient. Ma mère, qui de son vivant n'a pas désiré ma vie ni reconnu mon être, m'offre enfin sa pleine tendresse. Elle me tend la main. L'enfant, symbolisé par la poupée debout, peut désormais laisser tomber les pelures qui la protégeaient jusqu'à ce jour (nue). Elle n'a plus à combattre le rejet de celle qui lui a donné la vie ».

Ce genre de rêve exige parfois une longue réflexion et plusieurs relectures avant de libérer tout son enseignement et tout son pouvoir de guérison. Dans le cas suivant, Martine décrit sa rencontre avec le guide du rêve.

Titre : Mon guide

Je suis dans une salle remplie de gens. Soudain apparaît un homme très beau qui se dirige vers moi. Je ressens une grande attirance pour cet inconnu. Il place discrètement dans ma main un papier soigneusement plié. Je le range dans ma poche et m'éloigne de la foule. Une fois seule, je sors le papier et le déplie. C'est le dessin d'un magnifique papillon aux couleurs chatoyantes. La vue de ce papillon me remplit de joie.

Sentiment : émerveillement

Après ce rêve, Martine ne réussit pas à se rendormir, car l'image lui laisse une forte impression. Le papillon symbolise pour elle la transformation (chenille devenue papillon). De plus, c'est la première fois qu'elle rencontre un guide dans ses rêves. Le lendemain, en ouvrant un tiroir, elle aperçoit un papier d'emballage illustré de magnifiques papillons de toutes les couleurs. Elle demeure estomaquée de la coïncidence. Elle en déduit qu'il importe de ne pas oublier le rêve et la rencontre !

Le maître du rêve est aussi notre guide intérieur. Il nous est assigné pour veiller à notre croissance spirituelle. Nous ne le choisissons pas vraiment. Un vieil adage dit : « Lorsque l'élève est prêt, le maître apparaît ». C'est donc lui qui nous choisit en se manifestant dans nos rêves au moment opportun.

Puisque nos rêves sont habités de nombreux personnages, comment reconnaître celui qui joue le rôle de maître du rêve ? La réponse est simple pour la personne qui accepte aisément ce concept. Elle est compliquée pour celle que rebute la simple idée d'un guide. Ce fut d'ailleurs mon cas lorsqu'on me parla de ce principe la première fois.

Au début de ma recherche personnelle sur les rêves, je me montrais très rebelle à toute forme d'autorité. Individualiste et convaincue de pouvoir faire mon chemin toute seule, je ne me fiais qu'à moi-même. La notion de guide me dérangeait, et je n'y croyais pas. Puis, un jour, un rêve a eu raison de mon scepticisme.

Titre : Le sauvetage

Je dois me sauver pour échapper à des poursuivants qui me veulent du mal. Je cours à toutes

dans le monde astral?... connaître une aventure enrichissante au royaume de la connaissance du plan mental?... faire une balade au pays de la Lumière? S'il est renseigné sur notre destination, le maître du rêve peut mieux orienter nos expériences oniriques. Ce voyageur expérimenté connaît les méandres de la route que nous avons choisie; il est en mesure de l'éclairer et de favoriser les circonstances qui appuieront nos choix.

Pour illustrer ce rôle, je me sers d'un rêve daté de 1989. À cette époque, je nourris secrètement le désir d'écrire un livre, dont j'ignore la teneur. J'invite alors le maître du rêve à guider mes pas dans cette avenue inexplorée.

Titre: Richard Bach me visite

Je suis chez ma sœur. On frappe à la porte. À travers celle-ci, je reconnais le célèbre Richard Bach (auteur de Jonathan Livingston le goéland *et* Illusion*). Comme il est un de mes auteurs préférés, je suis étonnée de cette visite inattendue. Il se dirige directement vers moi et me demande de le suivre. Nous sortons et gagnons un terrain où se trouve un cercle tracé sur le sol. Nous nous* *assoyons au centre du cercle. Je sens la chaleur se dégager de la terre. M. Bach a des informations à me donner. Nous parlons... Il m'enseigne des principes...*

Sentiments: surprise et bonheur

La présence symbolique de Richard Bach sous forme d'un guide-enseignant, réactive mon désir d'écrire, car j'apprécie les messages véhiculés par ses écrits. De plus, une plus grande confiance s'installe en moi grâce à la scène d'instruction dans le cercle. Trois ans plus tard, en 1992, j'entreprends l'écriture de mon premier livre.

Le maître du rêve nous assiste dans nos efforts de croissance personnelle. En tant que guide assigné à notre évolution, il connaît nos faiblesses et nos forces. Il peut ainsi synchroniser le contenu de nos rêves avec notre cheminement personnel afin de favoriser le meilleur résultat possible. Si notre évolution est entravée par la peur, des rêves confrontant feront leur apparition pour développer le courage. Ce genre de scénario se répétera d'ailleurs tant et aussi longtemps que la crainte n'aura pas perdu de son emprise.

L'assistance du maître du rêve se révèle aussi dans la nature de l'information reçue. Dans ma démarche de croissance, axée sur un enseignement spirituel adapté à mes besoins, j'arrive un jour à un tournant majeur ; un nouveau processus d'initiation amène une profonde transformation chez moi. Dans les jours qui suivent, je demande au guide du rêve de m'indiquer la teneur des nouvelles responsabilités qui m'attendent à la suite de cette initiation. La réponse arrive en rêve sous la forme d'une métaphore.

Titre : Petits arbres à planter

Je reçois une boîte remplie de petits arbres. On me demande de les transplanter en prenant beaucoup de précautions pour les maintenir en vie et pour assurer leur croissance. Ma première tentative de transplantation n'est pas très réussie ; je manque d'expérience et de confiance. Je me promets de faire plus attention avec les prochains arbres.

Sentiment : espoir

Je m'éveille avec le sentiment de posséder une information importante. Puis, je me souviens de la demande que j'ai faite la veille, avant de m'endormir, et soudain le rêve devient clair. Les petits arbres à planter représentent quelque chose à faire croître dans un autre terrain. Mais quoi? Une intuition jaillit: ce sont des «idées personnelles» à partager (transplanter ailleurs). Une grande responsabilité se rattache à mon évolution récente: j'ai à transmettre des pensées qui élèvent, puis à veiller à leur croissance. Même si je manque d'expérience au début (la première transplantation manquée), j'ai ce qu'il faut pour réussir (sentiment final d'espoir). L'analyse de mon rêve s'avère juste car je ressens une immense joie. Cette résonance intérieure est une façon de mesurer le degré de vérité de l'interprétation.

Le maître du rêve remplit une autre fonction importante, celle d'assurer notre protection dans les mondes intérieurs auxquels le rêve nous convie. En tant que guide ou protecteur, il nous fait connaître l'immensité des univers invisibles. Dans ces lieux vastes et impressionnants, on pourrait se perdre ou s'attarder trop longtemps. Le guide veille sur nous comme une mère sur son enfant.

Il arrive parfois que nous ayons besoin d'une aide particulière pour poursuivre notre cheminement durant des moments de découragement. Le guide du rêve favorise alors les rêves de transformation. Dans le rêve suivant, je constate que mes anciennes peurs sont en régression.

Titre : L'araignée devient papillon

Je suis chez moi, dans la salle de bains, et j'aperçois les pattes d'une énorme araignée prise dans un coin. Je suis très impressionnée par sa taille (environ 50 centimètres). Un peu craintive, je demande au personnage qui est près de moi de l'éliminer. Il se dirige vers l'araignée géante, puis revient en tenant dans ses mains un magnifique papillon. Le papillon prend son envol.

Sentiments : émerveillement et libération

Au réveil, je ressens fortement l'action curative de ce rêve. Les araignées représentent des peurs irraisonnées et le papillon symbolise la liberté. Dans ce cas-ci, je décide d'éliminer une immense peur en demandant du secours. Le guide du rêve, symbolisé par le personnage aidant, transforme la peur (l'araignée) en liberté (papillon). Une métamorphose intérieure s'ensuit et se répercute dans mes actions.

L'énumération des nombreux rôles du maître du rêve – guide fidèle, ange protecteur, enseignant – montre combien nous sommes privilégiés. La solitude perd de son emprise quand on reconnaît la présence et la valeur de cette présence. À la fois confident, guide et enseignant, le maître du rêve veille à notre bien-être.

Comment le rencontrer

La meilleure façon d'entrer en contact avec le guide du rêveur est de l'inviter quotidiennement. Chaque soir avant de m'endormir je dis tout simplement : « J'invite le maître du rêve à m'accompagner. » J'inscris ensuite un postulat pour induire un rêve-solution ou un rêve créatif. Un désir sincère, une intention noble et un besoin prioritaire faciliteront ensuite la réalisation de cette induction.

Lorsque nous rencontrons un personnage nouveau en rêve, nous pouvons lui demander de s'identifier pour savoir à qui nous avons affaire. Ou encore, à défaut, nous vérifions s'il est de nature bienveillante. Dégage-t-il un amour inconditionnel ?

Est-il respectueux, ses paroles sont-elles exemptes de jugement? Sa présence est-elle rassurante et réconfortante?

Ayant émis un postulat pour rencontrer un guide, et malgré un certain scepticisme, Claire fait ce rêve:

Titre: Mon guide du rêve

Je vois un homme habillé en guerrier. Il porte une cape et un casque de couleur argent. Cet homme est très lumineux. Il est appuyé contre un mur doré et il semble m'attendre. Je lui demande « Qui es-tu?» Il répond: «Je suis ton guide du rêve. Viens avec moi.» Je décide de le suivre et nous marchons longtemps. Nous arrivons ensuite au sommet d'une colline qui offre une vue magnifique sur le paysage. Le guide me dit: «Tu peux aller où tu veux dans tous les mondes. Tu es libre.» À ceci je rétorque: «Alors, pourquoi es-tu là si je suis libre d'aller où je veux?» Il me répond: «Parce que dans ton lit repose ton corps physique, et que sans ma protection, tu risquerais de ne pas y retourner. De plus, ta mission n'est pas terminée sur la terre.»

Sentiment: plénitude

Grâce à cette expérience très intense, la rêveuse perd petit à petit de sa méfiance. Elle comprend que le guide est là pour l'aider et non pour la contrôler. Elle ressent alors un enthousiasme renouvelé pour sa mission personnelle.

Dans l'intimité de nos nuits et l'immensité des mondes intérieurs, nous avons droit à une aide précieuse, celle d'un guide connaissant la route de l'aller et du retour. Son expérience et son désir de servir sont à notre disposition. En demeurant prêts à travailler avec lui, nous sommes assurés de sa collaboration perpétuelle. Par nos expériences individuelles et nos demandes audacieuses, nous pouvons valider sa généreuse collaboration.

Chapitre 7

Les rêves de transformation

On a toujours dit que les voyages forment la jeunesse. On pourrait ajouter que les rêves entretiennent la jeunesse de cœur tout en cultivant la sagesse de l'âme. En effet, les voyages dans les dimensions subtiles de la conscience procurent de multiples expériences nourricières et nous gardent en forme spirituellement !

La science actuelle ayant maintenant fait la preuve que toute la durée du sommeil est visitée par le rêve (même si on se souvient davantage des rêves faits en sommeil paradoxal), un grand pan de vie supplémentaire (le tiers) peut-être consacré à apprendre, à vérifier et à évoluer. Nuit après nuit, nous revenons différents, enrichis.

Le processus éternel

Qu'on le veuille ou non, le changement fait partie intégrante de la vie, du niveau cellulaire au niveau cosmique. Tout dans l'univers se transforme sans cesse. Ce processus éternel d'évolution gère notre vie. L'ensemble de nos expériences tend vers une expression meilleure et entière. Nous avons le choix de devenir partenaire du changement ou d'y résister. La première attitude, la coopération, génère de la joie, la seconde, l'opposition, de la souffrance.

Le rêveur actif, celui qui donne à ses nuits des visées inspirantes, favorise les changements nécessaires à son mieux-être. Chez lui, les transformations se font en douceur, respectent son rythme individuel et sont en harmonie avec ses désirs et ses capacités. Le rêveur devient la « cause » et non plus l'« effet » des circonstances de la vie. Le hasard est pure illusion ; nous sommes les créateurs de nos expériences et celles-ci nous font progresser.

Un moment sacré

Le sommeil, qui affranchit l'âme durant quelques heures chaque nuit, est un présent divin. En effet, libérés des barrières que dressent les fausses croyances de la conscience-vigile, nous parvenons, en rêve, à une vision globale de nous-mêmes. Nous quittons momentanément notre personnalité diurne pour accéder à notre véritable identité : l'âme illimitée, invincible et immortelle. Ces instants sont sacrés. L'âme, dégagée de son véhicule lourd et grossier, l'enveloppe physique, s'élève et visite les sphères subtiles et revigorantes des dimensions spirituelles.

De cette façon, nous reprenons des forces intérieures pour faire face aux défis de la vie quotidienne. Revitalisés par des énergies subtiles, nous sommes mieux outillés pour mettre à exécution notre plan de vie et ses objectifs spirituels. En tant qu'âme, nous possédons une mission individuelle, et seules les actions accomplies dans cette perspective nous procurent une satisfaction profonde durable.

Habillée de son vêtement astral, l'âme visite le monde des désirs et de l'imagination. Source de beauté ou lieu d'inspiration, celui-ci lui fournit matière à création. Une recette originale, de nouvelles méthodes de travail ou un poème inspiré sont des fruits récoltés dans la dimension astrale.

L'âme s'évade aussi sur la trame du temps. Protégée par son enveloppe causale, elle traverse les époques à l'affût d'une information pertinente susceptible d'éclairer le présent. Les expériences oniriques réactivées dans le présent guérissent les cicatrices du passé. Hors du temps, l'âme peut aussi saisir des vérités universelles. Le rêve de Danielle montre la valeur informative d'un tel voyage.

Titre : Le secret du bonheur

Ma fille a accouché d'une jolie fille (en réalité elle est encore enceinte). Je prends la petite dans mes bras et la soulève pour regarder ses yeux. Soudain, son visage se transforme en celui d'une vieille femme remplie de sagesse. Réalisant que cette transformation sera de courte durée, je m'empresse de lui demander si elle connaît le secret du bonheur. Elle me fait signe que oui et dit ceci : « Le secret du bonheur se cache à l'intérieur de soi, jamais à l'extérieur. » Puis, comme prévu, elle reprend son visage de nouveau-né.

Sentiments : étonnement et satisfaction

Danielle comprend qu'elle est entrée en contact avec une forme de sagesse qui lui a révélé une vérité universelle concernant la source de bonheur. De plus, l'enfant à naître (une fille prénommée Charline, née une semaine plus tard) sera-t-elle une source de sagesse, une vieille âme qui connaît de nombreuses réponses ?

Dans la dimension mentale, l'âme explore le monde fascinant des pensées. Baignée d'une lueur bleutée, cette dimension semble infinie. L'âme y glane des idées nouvelles et originales. Ses affinités intellectuelles avec d'autres voyageurs rencontrés sur ce plan l'invitent à des échanges enrichissants. Elle peut acquérir de nouvelles connaissances qui inspireront ses pensées et ses actions de jour.

Enfin lancée dans les hauteurs célestes, l'âme parvient parfois à la dimension spirituelle pure. Ce lieu divin, au-delà de l'espace et du temps, constitue son foyer d'origine. Vêtue de sa robe de lumière, elle s'y abreuve d'Amour. Elle ne peut y demeurer, bien sûr, à cause des responsabilités dont elle a encore à s'acquitter dans les mondes de la matière. Cependant, cette brève escapade à saveur d'éternité lui procure une béatitude qui la nourrit subtilement. Au réveil, l'âme est remplie de paix et de sérénité, sentiments dont elle oublie malheureusement l'origine. Peu importe, car l'effet subsiste et elle se sent merveilleusement bien.

Dans le rêve suivant, Claudine savoure le contact avec la Lumière.

Titre: Le passage

Je vois un chemin bordé d'arbres. La route est très large au début et se rétrécit au fur et à mesure que j'avance. Une lumière blanche éclatante apparaît au bout. Je constate que la route est maintenant inondée de lumière. Je m'approche de sa Source. Des gens se tiennent à l'entrée du chemin et hésitent avant de s'y engager. Enfin, quelques-uns avancent, seuls, deux par deux ou par petits groupes. À mesure qu'ils avancent, leur image pâlit et s'estompe. Au moment d'entrer dans le lieu sacré, ils deviennent lumineux et se fondent avec la source de lumière.

Sentiment : plénitude

La rêveuse ressent, dans ce rêve, l'effet unificateur de la lumière ; elle reconnaît la source et ses effets énergisants. Ce rêve spirituel lui rappelle ses origines divines, un monde de pure Lumière.

La vitalité spirituelle

En nous réconciliant avec la nature spirituelle de nos rêves, nous donnons à notre vie une saveur nouvelle. Les vitamines intérieures que nous procurent nos envolées nocturnes revitalisent nos corps épuisés par le stress quotidien ou les épreuves occasionnelles.

La recherche du bonheur et la quête de la vérité nous entraînent sur des chemins parsemés de pièges. La nuit offre une vue en surplomb qui révèle ces embûches. En analysant nos rêves, nous identifions les émotions qui ralentissent notre marche. Par exemple, un rêve où je nage dans une eau trouble qui m'empêche de voir peut représenter une situation émotionnelle troublante qui obscurcit ma vision intérieure.

Nous pouvons aussi débusquer une mauvaise attitude mentale qui diminue notre capacité d'agir ou les écueils de l'intellect qui faussent notre pensée. Ainsi, un rêve où je conduis ma voiture sur une route embourbée, mal entretenue, et qui aboutit à une impasse, suscite en moi un questionnement sur mon comportement ou ma conduite dans la vie. Ai-je suivi la mauvaise trajectoire de pensée ou d'attitude ?

Les rêves nous parlent de liberté à reconquérir et de sagesse à cultiver. Ils nous entretiennent sur les vérités de la vie. Avec une oreille attentive et un œil vigilant, nous pouvons capter des trésors de savoirs. Même un rêve court peut en dire long. Voici celui de Lucie.

Titre : Étincelle

J'observe une petite fée, parmi des milliers d'autres, qui tournoie dans l'air. Je constate que le Son et la Lumière la maintiennent comme elle est.

Sentiment : liberté

Dans une période de grands changements, ce rêve permet à Lucie de se voir libre (la petite fée qui tournoie). Il lui confirme qu'en gardant le contact avec le Son, sa petite voix intérieure, et la Lumière en provenance de ses méditations, elle se maintiendra dans le courant qui lui assure la liberté. Le titre (Étincelle) suggère une lueur de vérité dans la compréhension de la vie.

L'ouverture sur les multiples dimensions nous rend plus entiers et plus confiants en notre potentiel. Nous sommes illimités dans notre pouvoir divin et les scénarios nocturnes se chargent de nous le rappeler. À d'autres moments, le rêve nous gratifie d'un rappel de notre force intérieure et de notre capacité d'aller à l'essentiel. Une métaphore percutante permettra de retenir le rêve pour mieux en profiter par la suite. Une personne de ma famille me confie cette expérience.

Titre : L'énergie

Je marche sur une petite route longeant la rivière de ma ville natale. Le ciel est magnifique avec des teintes dégradées de rouge, comme les couchers de soleil. À l'endroit où se trouvent habituellement des maisons, je vois des champs cultivés et, au loin, des montagnes. J'aperçois une fleur qui dépasse en hauteur toutes les autres; c'est un tournesol d'un jaune éblouissant. Avec le vent, il tourne comme une hélice. Cette scène est majestueuse, et je sens une grande énergie m'envahir.

Sentiments: ravissement et joie immense

La rêveuse donne son impression: «Une semaine après ce rêve, dans un moment difficile, je me souviens de ce rêve qui me redonne confiance et une certaine maîtrise.» L'énergie spirituelle (le tournesol jaune en mouvement) lui procure la force d'affronter cette période difficile.

Lors de mes conférences ou des ateliers, j'entends régulièrement des témoignages de gens qui survivent à des épreuves grâce à leurs rêves. Pour eux, les nuits deviennent des oasis de bien-être au milieu de la tourmente. Elles leur redonnent des forces. Les rêves spirituels sont des phares dans l'obscurité momentanée. Ils allègent le désespoir et pansent les cœurs blessés.

Chapitre 8

Les grands rêves

Certains rêves sont qualifiés de « grand rêves » ou « songes ». Ils semblent plus réels que la vie de jour. On s'éveille surpris que l'expérience vécue durant le sommeil n'ait été qu'un rêve. Que s'est-il passé ? Pourquoi avons-nous l'impression d'avoir réellement expérimenté les scènes du rêve ? Ces rêves marquants se divisent en deux catégories : les rêves initiatiques et les rêves d'exploration.

Les rêves initiatiques concernent notre évolution spirituelle. « Il y a les *rêves ordinaires*, ceux qui puisent leurs images à la source des impressions de la journée, des souvenirs, des lectures, des rencontres, des conflits, etc., et les *grands rêves* – que d'aucuns appellent *songes* – qui délivrent un message initiatique afin de guider le rêveur dans le cheminement de son évolution»[1].

Les rêves initiatiques

Un rêve initiatique est une expérience intérieure qui transforme. L'intensité des images et du ressenti crée un impact majeur au point que l'on s'éveille le lendemain en se sentant différent de la veille. La transformation a lieu à divers niveaux, allant du corps émotionnel jusqu'au corps spirituel. Cette sensation est généralement due au type de scénario ressemblant à une initiation qui amène un dépassement. Généralement, le contenu du rêve comprend un ou plusieurs tests à passer. Que ce soit le test du feu (passer à travers sans être brûlé), le test de l'eau (respirer sous l'eau avec facilité), le test de l'air (voler librement comme un oiseau), le test de la peur (affronter un danger au lieu de le fuir), etc., le rêveur sait qu'il a vécu un dépassement.

---

1. H. Renard, *Les rêves et l'Au-delà*. p. 9.

Parmi les caractéristiques qui différencient un rêve initiatique d'un rêve ordinaire, nous retrouvons les éléments suivants: images très claires, détails précis et sentiments intenses. Ces grands rêves nous laissent une forte impression au réveil. Ils sont généralement indélébiles car ils ne s'effacent pas de notre mémoire. Ils ont un impact puissant sur notre état d'être durant plusieurs heures après le réveil et même plusieurs jours ou plusieurs mois.

Un rêve initiatique peut être court ou long. L'épreuve à passer est parfois symbolique comme celle-ci vécue dans un rêve que j'ai fait il y a plusieurs années.

Titre: Le pont suspendu

On me demande de traverser un pont suspendu d'une longueur de plus de 150 km, car il part de Montréal et se termine à Sherbrooke. J'ai le vertige et cela m'empêche d'avancer. Décidée à y arriver quand même, j'ai soudain l'idée de traverser le pont dans la position assise et à reculons. La méthode fonctionne bien, mais une fois arrivée à l'autre bout du pont, je ne suis pas totalement fière de moi. Je sais que malgré ma créativité, j'ai manqué de courage.

Sentiment: insatisfaction

J'ai interprété ce rêve comme un test à demi réussi malgré le bel effort d'avoir accompli ce qui m'avait été demandé.

Parfois le rêve est très long et présente plusieurs épreuves à passer. Dans le cas suivant, François prend conscience de certaines limites qui n'ont plus leur raison d'être. Le bilan qu'offre son rêve amène une transformation bénéfique.

Titre : L'initiation

Je suis dans une classe avec un groupe de personnes. Des enseignants nous présentent la théorie concernant des épreuves à passer. Après un certain temps, nous sortons à l'extérieur pour la partie expérimentale. Nous devrons mettre en pratique les connaissances apprises.

Le premier test débute : accroché à flanc de montagne, je vois d'énormes rochers débouler vers moi. Ma mort semble inéluctable, car je n'ai aucune protection. Je ressens une peur incontrôlable. Soudain, je décide de mettre en pratique ce que j'ai appris dans le cours théorique. Un grand calme m'envahit alors et j'affronte les rochers qui foncent sur moi, car je sais que je peux réduire simplement ces rochers en poussière par ma pensée, et c'est ce qui se passe à la seconde où je l'imagine.

La deuxième épreuve consiste à grimper sur un gros cordage. Dès que je vois que cette corde est suspendue dans le vide, je prends peur. Puis, je me rappelle que la pensée peut changer mon attitude. Après avoir remplacé la peur du vide par un sentiment de sécurité, je continue mon ascension jusqu'en haut du cordage.

Par la suite, une dizaine d'autres épreuves de plus en plus intenses me sont présentées. Elles m'amènent constamment au-delà de mes anciennes limites. Ma force intérieure et ma foi me permettent de dépasser les apparences et ma peur de mourir. Je les transforme en un sentiment de vie de plus en plus puissant. Les dernières épreuves, pourtant plus intenses, se complètent avec une facilité grandissante. Cela devient même de la routine.

À la fin des épreuves, je réalise que tout a dépendu de ma vision et de mon attitude devant chaque situation. Un des initiateurs me regarde et s'exclame avec un sourire radieux : « Tu as tout compris ! Pourtant, on croyait que tu serais celui qui avait le moins de chance de réussir. Bravo ! »

Sentiments : soulagement, grande puissance intérieure, réussite.

Ce rêve comporte plusieurs étapes : l'identification du danger, la peur, la décision d'affronter la situation et la victoire. Le rêveur reconnaît l'aspect thérapeutique de l'expérience. Lorsqu'il change la peur de mourir en paix intérieure, la menace perd de son pouvoir et il reprend contrôle sur ses pensées.

Les rêves initiatiques sont plutôt rares. Malgré cette rareté, ils sont présents au bon moment pour nous faire réaliser les transformations intérieures accomplies ou à venir. Les rêves initiatiques apparaissent à des étapes importantes de notre vie comme la fin de l'enfance, l'adolescence, l'âge adulte, la retraite et en fin de vie. Ils sont aussi présents à certaines croisées de chemin ou lors de périodes transitoires comme un changement d'emploi, une rupture amoureuse, un déménagement, etc.

Les rêves d'exploration

Tout comme les rêves initiatiques, les rêves d'exploration sont clairs, intenses et ne s'oublient pas au réveil. Comme le nom l'indique, ils sont une expérience d'exploration dans les mondes intérieurs. Le rêveur visite consciemment les dimensions subtiles de la conscience. «Les rêves sont une porte d'entrée pour l'exploration hors-corps. Pour nombre de personnes, le rêve est un moyen naturel de dégager doucement leur conscience de leur état de veille physique et de commencer à reconnaître et percevoir d'autres états de conscience»[1].

Ces rêves de visite des mondes intérieurs n'ont pas besoin d'interprétation. Ils sont à prendre tels quels, car le rêveur devient un observateur. On peut y voir des lieux d'une grande beauté avec des architectures qui n'existent pas sur le plan physique. La luminosité y est généralement extraordinaire. Le rêve de Clémence est un exemple frappant d'un monde appartenant à une autre dimension.

Titre: Le temple en or

Je suis devant une immense porte. Je n'ose pas avancer lorsque soudain la porte s'ouvre d'elle-

1. W. Bulhman, *Voyage au-delà du corps*, p. 194.

même. J'entre à l'intérieur et je découvre un lieu d'une beauté incroyable. Tout est en or : les meubles, les murs, les plafonds et les planchers. J'ai l'impression que c'est un temple, car j'entends au loin des sons qui ressemblent à des prières chantées.

Sentiment : émerveillement

Ce rêve a laissé une forte impression à la rêveuse, car plus de dix après avoir fait ce rêve, Clémence s'en souvient comme si c'était hier.

Une des caractéristiques des rêves d'exploration des univers parallèles est la similitude entre les descriptions de ceux qui visitent ces lieux. Voici le rêve de Martin.

Titre : La ville majestueuse

Je flotte dans un espace rempli de lumière. En levant les yeux pour voir d'où vient cet éclairage, je vois trois lunes magnifiques. Malgré la grande clarté, le soleil ne semble pas là. Au sol, il y a des pierres précieuses qui forment un genre de trottoir sur lequel les gens se déplacent en glissant doucement. Les bâtiments de ce lieu sont faits entièrement de verre translucide ou de cristal. Une grande paix se dégage de cet endroit inusité.

Sentiment: sérénité profonde

Quelques jours plus tard, Martin a vu une toile d'un peintre visionnaire qui illustrait les images vues en rêve. L'artiste a confirmé avoir aperçu ce lieu dans un rêve lui aussi.

Leur utilité

Les grands rêves étant peu fréquents mais très marquants, ils se manifestent au bon moment sans que nous ayons à les provoquer. Ils nous impressionnent suffisamment pour pouvoir les revivre en visualisation afin de profiter de leur effet transformateur, nourrissant ou élevant. Il est donc important de les noter pour les relire à intervalle régulier ou au besoin.

L'utilité des grands rêves est d'ouvrir notre conscience sur les multiples possibilités de l'aventure onirique dont la vérification de la vie après la mort, la rencontre des personnes décédées ou la visite des mondes parallèles.

Un deuxième objectif est celui d'élargir notre vision sur nos capacités intérieures, notre potentiel divin et notre liberté en tant qu'âme. Un rêve initiatique qui nous dévoile le contrôle sur nos peurs ou un rêve d'exploration qui nous conduit dans un lieu hautement spirituel sont des expériences enrichissantes et stimulantes pour oser des dépassements dans notre vie de jour. Nous devenons ainsi plus aventureux et avons davantage confiance en nos capacités.

Chapitre 9

Exemples de rêves spirituels

Grâce à une émission de télévision québécoise, des artistes de la scène et du petit écran ont eu la générosité de partager quelques rêves en ondes[1]. Ayant été la personne-ressource pour les aider à comprendre leurs rêves, j'ai choisi de partager ici, de façon anonyme, quelques exemples dont le contenu illustre un aspect spirituel.

Une dame connue de la chanson, qui est aussi auteure, interprète et comédienne, a fait ce rêve marquant:

1. Émission «Claire Lamarche» présentée à TVA entre les années 2000 et 2002.

Titre : Visite au ciel

Je m'envole dans les airs. Je ressens alors de grands sentiments de joie et de liberté. C'est sublime ! Je me dis ensuite que si je peux voler, je dois être en train de rêver. J'en profite alors pour me promener dans les nuages et aller partout où je désire. Je pense même que je suis au ciel. Soudain, une scène, plus bas, attire mon attention. Ce sont des personnes connues qui font la queue devant un dépanneur, en attente d'y acheter des billets de loterie. À cause de cela, je me dis que je ne peux pas être au ciel s'il y a des dépanneurs et des billets de loterie. Où suis-je donc ? Une belle voix grave venue de nulle part me répond : « Oui, tu es au ciel. Ici comme sur terre, la vie continue avec le même niveau de conscience que chacun a atteint. » J'ai la certitude d'avoir entendu la voix de Dieu, et cela me fait du bien.

Sentiment : réconfortée

Au réveil, la rêveuse comprend que le travail intérieur (connaissance de soi et cheminement spirituel) est important, car la vie après la mort est la continuité des acquis durant la vie terrestre. Elle décide alors de s'occuper de sa spiritualité tout en poursuivant sa carrière artistique.

Un comédien et conférencier a partagé ce rêve inusité :

Titre : Les oies blanches en apprentissage

C'est une magnifique journée ensoleillée. Dans un champ, des oies blanches doivent rester au sol, car elles ne savent pas voler. Je décide de les aider en leur apprenant à voler. Nous commençons, et je réalise que le plus difficile est de décoller. Les oies me demandent conseil. Je les guide.

Sentiment : plaisir

Le rêveur a beaucoup aimé ce rêve. La métaphore peut se décoder ainsi : « Quelqu'un guide ceux qui ont besoin d'apprendre et qui possèdent un potentiel d'envol dans la vie (capacité de voler). » Le fait que ce soit des oies blanches, j'ose ajouter : « Grâce à son leadership, quelqu'un offre un enseignement de nature spirituelle. »

Un animateur et commentateur sportif était très intrigué par ce rêve :

Titre : Le voilier et le dauphin

Seul sur mon voilier, je me laisse glisser sur les eaux calmes d'un lac lors d'une belle journée ensoleillée. Soudain, j'entends un bruit sous l'eau. Je décide de vérifier d'où vient ce bruit. Je plonge au fond du lac. L'eau est claire, car je peux voir les rayons du soleil. Je réalise alors que je respire aisément sous l'eau et j'aperçois un magnifique dauphin qui frappe gentiment la coque.

Sentiment : émerveillé

Le rêveur était curieux de comprendre ce scénario d'une grande beauté. La piste d'analyse suggérée a été celle-ci : « Dans la solitude intérieure (seul sur son voilier), quelqu'un entre en contact avec un aspect caché de lui (magnifique dauphin) et se découvre un nouveau potentiel (respirer sous l'eau) pour voir la vie dans toute sa splendeur (eau claire et rayons du soleil). »

Une comédienne et humoriste a eu la générosité de partager plusieurs rêves dont certains étaient répétitifs. Voici le premier.

Titre : La carafe enchantée

Je suis dans un grand magasin et j'arrive dans la section des vases en vitre. L'endroit est chaleureux et invitant. Je vois alors une carafe qui m'enchante littéralement. Dans cette carafe en vitre transparente flottent deux petites fées en vitre également. Elles sont magnifiques avec leurs jolies ailes. Je tombe en amour avec ce pot et je l'achète, car les deux petites fées me rappellent la fée Clochette avec sa petite âme magique que j'aimais tant dans Peter Pan.

Sentiment : heureuse

La rêveuse ajoute : « Ce rêve m'a mise de super bonne humeur, comme quelque chose de lumineux, de nourrissant qui m'habite simplement. » La métaphore peut représenter ceci : « Dans une période de recherche (magasin), quelqu'un découvre ce qu'elle désire vraiment : la transparence (vitre), la pureté (l'âme magique de la fée Clochette) et la liberté (les ailes).

Voici, toujours de cette comédienne, deux autres scénarios qui illustrent la capacité des rêves de nous dévoiler des aspects cachés.

Titre : Trésors redécouverts

Je suis chez moi en train de faire du ménage. Dans la cave, j'ouvre des boîtes que j'avais depuis longtemps oubliées. Le contenu d'une d'entre elles m'émerveille. Je redécouvre des statuettes que j'avais totalement oubliées ; elles sont magnifiques et datent de différentes époques dont celles de la

Grèce antique, de la Rome antique, du Moyen-Âge... Je me demande comment j'ai pu oublier de si belles choses qui étaient en ma possession. Et je me demande surtout pourquoi j'ai laissé cela dans des boîtes en carton au lieu de les mettre en évidence chez moi, pour profiter de leur beauté.

Sentiment : bonne humeur

Le rêve suggère un besoin d'exposer quelque chose de beau : « C'est en explorant le passé oublié (cave) que quelqu'un redécouvre des trésors anciens (statuettes antiques). Il est temps d'exposer ces richesses d'une grande beauté (sortir des boîtes). Est-ce une prise de conscience de talents cachés ? »

Voici aussi un autre scénario répétitif qui va dans le même sens.

Titre : Appartement à plusieurs pièces

Je suis chez moi, un genre d'appartement sympathique mais ordinaire. Soudain, je découvre qu'il y a beaucoup plus de pièces dans cet appartement, de belles pièces, lumineuses, grandes, accueillantes. Il y a plusieurs cuisines, des chambres et des salons. À chaque fois, je me demande pourquoi je ne me sers pas de ces pièces, car je sais qu'elles sont là. On dirait que je les oublie. Et quand je les redécouvre, je suis heureuse de penser à toutes les possibilités qui s'offrent à moi : l'espace disponible et tout ce que je pourrais y faire. Je me sens pleine d'espoir pour le futur. Parfois, ces pièces qui m'appartiennent sont habitées par des voisins, des inconnus qui se sont installés là, sans demander la permission. À ce moment, mon rêve me laisse moins joyeuse. J'ai de la difficulté à prendre ma place et à dire à ces gens de partir. Je n'ose pas, comme si je n'avais pas le droit.

Sentiment : manque d'audace

Lorsque le rêve est récurrent, il y a généralement un message non compris, car il se répète. Voici une piste potentielle pour l'analyser : « Derrière une vie en apparence ordinaire, la rêveuse possède une vie intérieure riche (plusieurs pièces) et spirituelle (abondance de lumière) qui est prête à être dévoilée (découverte de ce qui fut oublié). Cette richesse est parfois exploitée par les autres qui savent en profiter (voisins et inconnus) lorsqu'il y a manque d'audace.

Ces rêves faits par des personnes célèbres ont ceci de commun avec monsieur et madame Tout-le-Monde : ils mettent en valeur des aspects nobles de la personnalité humaine. En chacun de nous se cache un potentiel illimité qui ne demande qu'à être révélé pour nous aider à accomplir notre mission personnelle.

Conclusion

Les mystiques le disent depuis le début des temps et les scientifiques tendent à l'affirmer maintenant : grâce à la physique quantique, tout phénomène qui apparaît dans les mondes visibles s'est d'abord manifesté dans les mondes subtils et invisibles.

En d'autres mots, ce qui se produit dans les dimensions du rêve, dans nos mondes intérieurs, aura tendance à se concrétiser dans notre vie éveillée si, bien sûr, nous maintenons les conditions nécessaires à cette manifestation. Lorsque nos rêves nous révèlent de grandes beautés, des personnages bienveillants et des actions inspirantes, accueillons avec joie et reconnaissance cette indication de notre potentiel divin. Nous sommes des êtres de Lumière, des maîtres en devenir, des héros et des princes. Si nous l'avons oublié, nos rêves spirituels se chargeront de nous le rappeler en nous hissant à des hauteurs dignes de nos origines célestes.

Par contre, si nos rêves contiennent des scénarios déplaisants, à nous de changer l'élément du quotidien qui risque de conduire à cette éventualité. Il peut s'agir d'une mauvaise habitude alimentaire, d'une émotion mal contrôlée, d'une pensée destructrice, d'une croyance erronée, etc.

Freud a mis en évidence le côté sombre de l'inconscient où loge l'instinct bestial, sexuel et infantile. Jung s'est penché sur l'autre aspect, plus lumineux, les aspirations spirituelles de l'âme. Les deux forment un tout. Il n'en tient qu'à nous de dépasser nos instincts de base et de partir à la découverte de nos aptitudes divines par l'expérimentation individuelle et la reconnaissance de notre héritage céleste.

À l'intérieur de chaque individu existe un foyer d'activité créatrice qui tend vers la multiplicité et l'abondance. Il y est contenu des semences de beauté et d'amour qui engendrent le désir d'une vie exaltante, vibrante et heureuse. Dans nos moments de désarroi et d'égarement, il est bon de savoir que la lumière brille au bout du tunnel.

Dans les pires moments de détresse, il subsiste une étincelle d'espoir. Dans la plus intense tristesse scintille une lueur de joie. Dans la plus profonde impuissance vit une parcelle d'action. Cherchons dans nos rêves l'espoir qui aide à franchir les passages difficiles de la vie.

En portant une attention particulière à nos rêves spirituels, en les reconnaissant pour leur valeur inspirante et en les favorisant par les postulats ou l'incubation onirique, nous ouvrons tout doucement la porte sur une réalité nouvelle. Cette réalité subjective reliée aux dimensions infinies de la spiritualité nourrit l'âme durant son périple de retour à la Source.

Plus nous reconnaissons, acceptons et validons la manifestation de nos rêves spirituels, plus ceux-ci se multiplient afin de guider nos pas vers une évolution consciente. L'âme est active 24 heures sur 24. N'ayant pas besoin de repos comme le corps physique, elle s'envole librement dans les univers subtils de la conscience et observe ses créations intérieures. Dans les mondes de grande noirceur, notre âme détecte les peurs et les angoisses qui obscurcissent notre vision. Dans les mondes lumineux, elle exploite un potentiel illimité de liberté.

Entre le cauchemar troublant et le grand rêve inspirant, l'âme explore les multiples facettes de sa personnalité et de son individualité. Les souffrances et les joies se côtoient dans une symphonie d'images reflétant les craintes et les espoirs, les douleurs passées et les guérisons futures.

L'acceptation de notre divinité ouvre la voie à l'expression de la beauté intérieure qui tôt ou tard se manifeste dans notre vie. Amour, sagesse et liberté font partie de notre nature spirituelle. L'âme est une entité heureuse qui réussit à s'actualiser et à se réaliser grâce aux rêves.

Bibliographie

BOUCHER, Paule, *Les signes de jour*, Le Dauphin Blanc, Loretteville, 2002.

BOUCHER, Paule, *Rêves et Télépathie*, Le Dauphin Blanc, Loretteville, 2002.

BUHLMAN, William, *Voyage au-delà du corps*, L'Art de s'Apprivoiser, Varennes, 1998.

CARDINAL, Denise, *Rêves et Mémoire*, Le Dauphin Blanc, Loretteville, 2002.

LANGEVIN, Brigitte, *Rêves et Créativité*, Le Dauphin Blanc, Loretteville, 2002.

LAPENSÉE, Micheline, *Rêves et Deuil*, Le Dauphin Blanc, Loretteville, 2002.

CHOPRA, Deepak, *Les sept lois spirituelles du succès*, Éditions du Rocher, 1995.

FLUCHAIRE, Pierre, *La Révolution du rêve*, Éditions Dangles, Saint-Jean-de-Braye, 1985.

GARFIELD, Patricia, *La créativité onirique*, Éditions J'ai lu, Paris, 1997.

GARFIELD, Patricia, *Guérir par les rêves*, Albin Michel, Paris, 1994.

JUNG, C.G., *L'homme à la découverte de son âme*, Paris, Albin Michel, 1989.

MYSS, Caroline, *Anatomie de l'esprit*, Éditions Ariane, Outremont, 1998.

LABERGE, Stephen, *Le Rêve lucide*, Éditions Oniros, Île Saint-Jean-Denis, 1985.

RENARD, Hélène, *Les rêves et l'Au-delà*, Éditions Philippe Lebaud, France, 1991.

RICHELIEU, Peter, *La vie de l'âme pendant le sommeil*, Éditions Vivez Soleil, Genève, 1991.

RIEDEL, Christiane, *Rêves à vivre*, Éditions de Mortagne, Boucherville, 1995.

RYBACK, David, *Les rêves prémonitoires*, Éditions Sand, Paris, 1990.

THURSTON, Mark, *Edgar Cayce. Les rêves, réponses d'aujourd'hui aux questions de demain*, Éditions de Mortagne, Boucherville, 1994.

TWITCHELL, Paul, *La Flûte de Dieu*, Eckankar, Minneapolis, 1985.

Bibliographie

VON FRANZ, Marie-Louise, *Rêves d'hier à aujourd'hui*, Éditions Albin Michel, Paris, 1992.

À propos de l'auteur

Conférencière et auteure de nombreux ouvrages publiés au Canada et en Europe, Nicole Gratton est fondatrice et directrice de l'École de Rêves qui porte son nom.

Pour des informations concernant les prochaines activités de l'École de Rêves :

Courrier postal	C.P. 22, Succ. St Michel Montréal (Québec) Canada H2A 3L8
Courrier électronique	*info@nicole-gratton.com*
Site Web	*www.nicole-gratton.com*

Livres de Nicole Gratton

Rêves et Symboles	Les Éditions Le Dauphin Blanc, 2003
L'Art de rêver	Les Éditions Flammarion Québec, 2003
Les secrets de la vitalité	Les Éditions Flammarion Québec, 2003
Le sommeil idéal	Les Éditions Un monde différent, 2000
La découverte par le rêve	Les Éditions Un monde différent, 2000
Les rêves d'amour	Les Éditions Un monde différent, 2000
Découvrez votre mission personnelle	Les Éditions Un monde différent, 1999
Mon journal de rêves	Les Éditions de l'Homme, 1999
Les rêves, messagers de la nuit	Les Éditions de l'Homme, 1998

Cédéroms audio

L'Art de rêver	Livre audio, Éditions Coffragants, 2003
Les secrets de la vitalité	Livre audio, Éditions Coffragants, 2004
Rêves et Complices	Livre audio pour enfants, Éditions Coffragants, 1996
Guide Sommeil Vol. 1	Détente dirigée, Productions Musiques Quantiques 2003

Collection Rêve-à-tout

Déjà parus :

Rêves et Télépathie	Paule Boucher 2002
Rêves et Mémoire	Denise Cardinal 2002
Rêves et Deuil	Micheline Lapensée 2003
Rêves et Symboles	Nicole Gratton 2003
Rêves et Créativité	Brigitte Langevin 2003

À venir :

Rêves et Analyse
Rêves et Santé
Rêves et Enfants
Rêves et Intuition
Rêves et Cauchemars